渡海僧がみた宋代中国

―参天台五臺山記を読む―

森 公章 著

八木書店

序にかえて

『参天台五臺山記《さんてんだいごだいさんき》』（以下、『参記《さんき》』と略称）は成尋《じょうじん》（一〇一一〜八一）の渡海日記である。成尋は天台宗寺門派《じもんは》（入唐求法僧智証大師円珍《えんちん》に発する一派で、園城寺《おんじょうじ》〔三井寺《みいでら》〕が本寺）、延暦寺阿闍梨《あじゃり》の称号を取得、京都岩倉の大雲《だいうん》寺《じ》の寺主であり、藤原頼通の子で次代の摂関家を担う左大臣師実《もろざね》の護持僧を勤め、後冷泉天皇（在位一〇四五〜六八）の病気平癒の祈禱にも招かれる高位の僧であった。

図1　成尋図像（叡山文庫所蔵）

成尋の父は確説はないが、貞叙《さだのぶ》《ていじょ》という人物であったと見るのが有力で[1]、藤原忠平の子師尹—定時—実方—貞叙と続く系譜になる（『尊卑分脈《そんぴぶんみゃく》』には「興」とあり、興福寺僧か）。祖父実方《さねかた》には『古事談』巻二—三十・三十二、『十訓抄《じっきんしょう》』八ノ一や『今昔物語集』巻二十五第五話などに著名な話があるが、父貞叙は生没年・事績ともに不詳で、存在感が薄く、僅かに

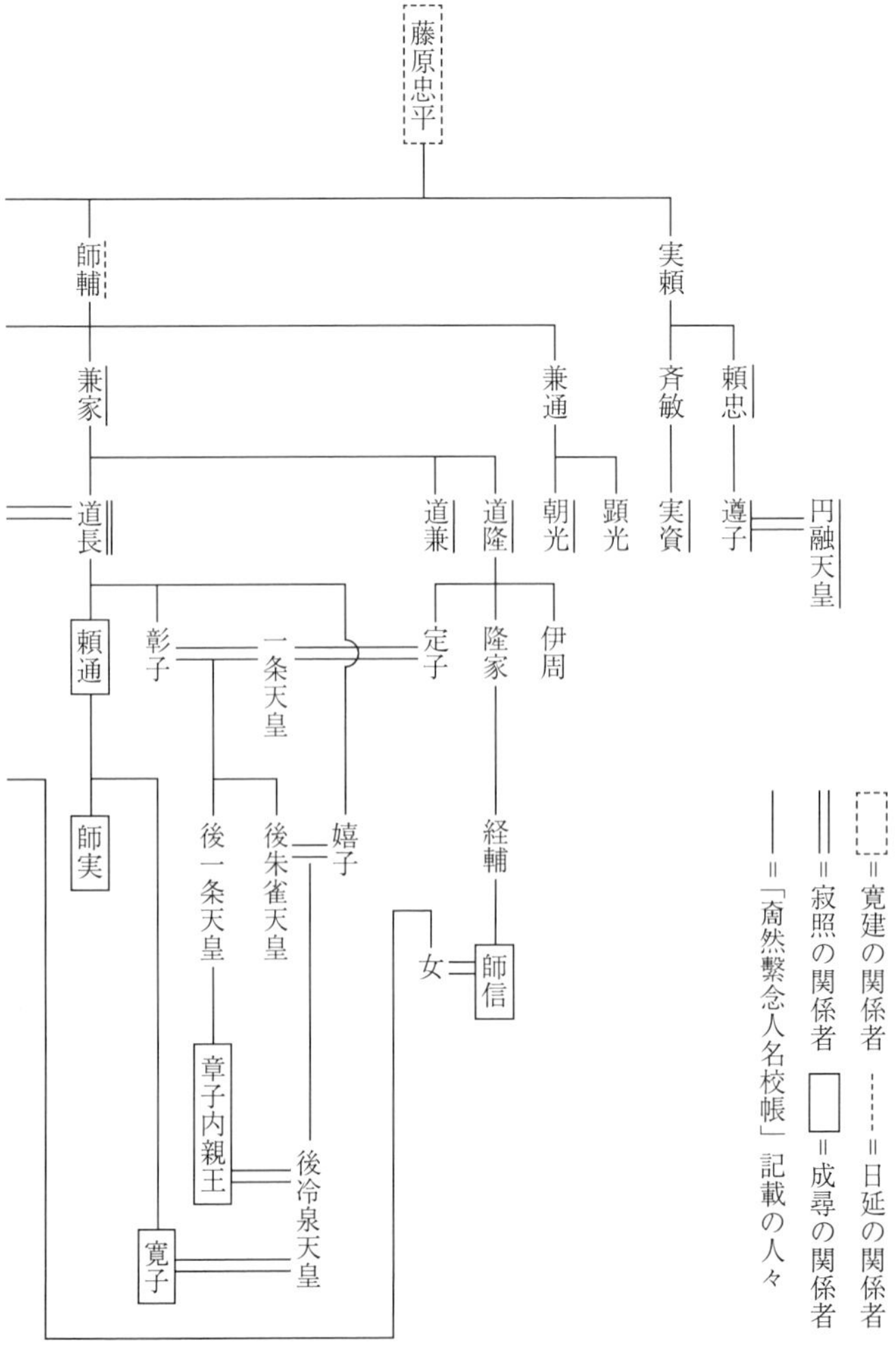

図２　寛建、日延、奝然、寂照、成尋の関係者
（『史料纂集 参天台五臺山記』第二〔八木書店、2023 年〕226 ～ 227 頁）

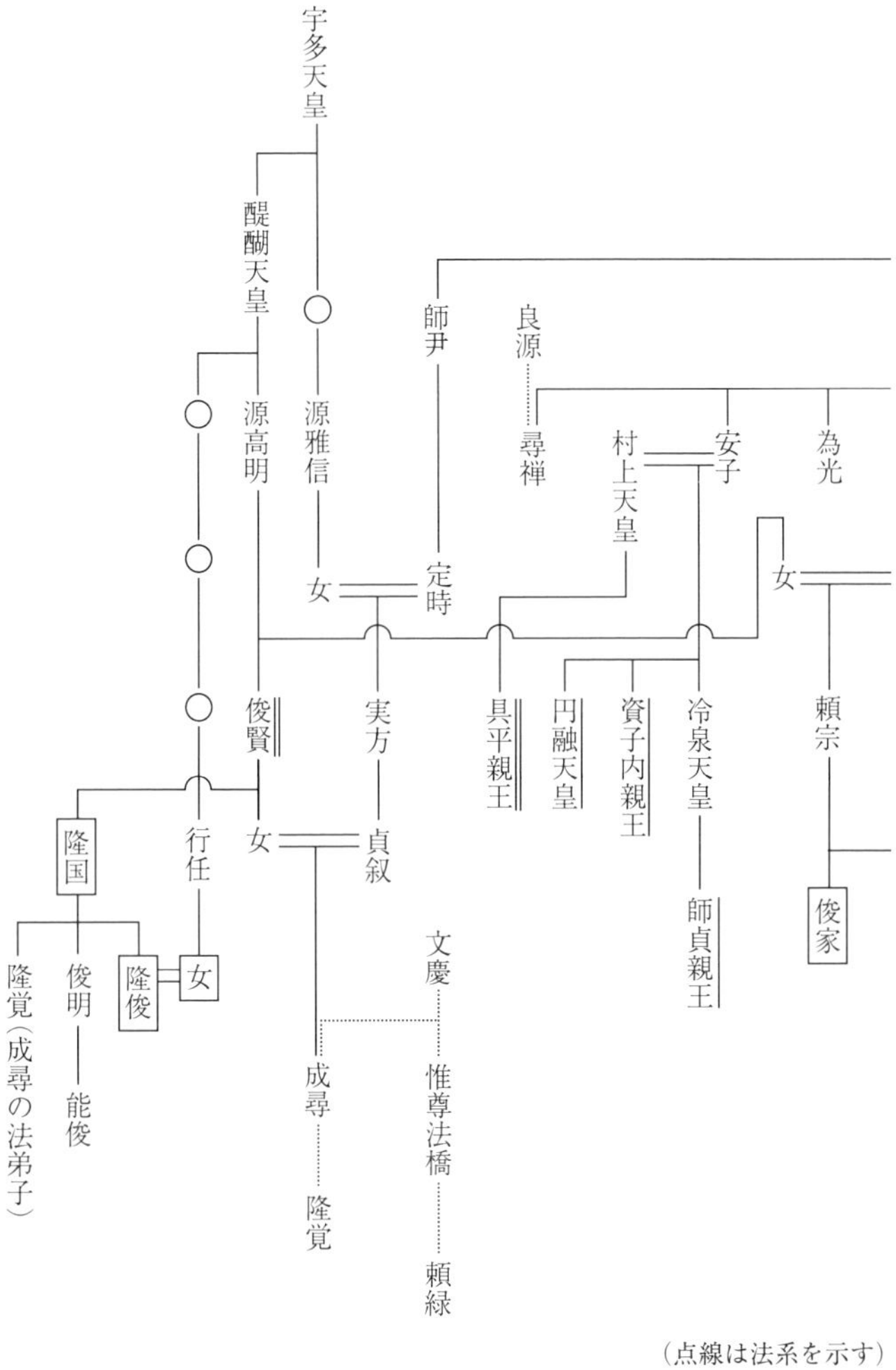
宇多天皇
醍醐天皇
源雅信
師尹
良源
源高明
尋禅
村上天皇
安子
為光
女
定時
女
俊賢
実方
具平親王
円融天皇
資子内親王
冷泉天皇
頼宗
隆国
行任
女
貞叙
師貞親王
俊家
文慶
隆覚（成尋の法弟子）
俊明
隆俊
女
能俊
成尋
惟尊法橋
隆覚
頼緑

（点線は法系を示す）

一条天皇の葬儀の際の百僧の中に、延暦寺僧で貞叙と見えるのがそれかと思われ（『権記《ごんき》』寛弘八年（一〇一一）六月二十五日条）、延暦寺僧が正しいとすれば、成尋の処世との関係を示唆するものとして注目される。

成尋の母は『成尋《じょうじん》阿《あ》闍梨《じゃり》母集《ははのしゅう》』という文学作品を残しており、一般的な知名度という点では彼女の方が名高い（但し、実名は不明）。これは日記文学の系統に属する著作で、延久四年（一〇七二）に八十五歳であった彼女が、成尋の入宋を機に、息子成尋の動向を中心に、過去の出来事を回想する形になっており、和歌も多く掲載されている。彼女は藤原氏による摂関政治確立の過程で、最後の他氏排斥事件になる安和《あんな》の変（安和二＝九六九）で失脚した醍醐源氏の源高明《みなもとのたかあきら》の孫にあたる。彼女の父俊賢《としかた》は一条天皇時代の有能な公卿に数えられ（『続本朝往生伝』）、寛弘（一〇〇四〜一二）の四納言の一人とも称されており（『二中歴』）、賢人として評判が高い。[2] 祖父源高明は儀式書『西宮記《さいきゅうき》』をまとめており、貴族社会の故実・儀式に深い学識を有していた。俊賢の子隆国《たかくに》、即ち成尋の叔父は『今昔物語集』の編者として有力候補に擬せられたこともある。したがって成尋の母の文才、また成尋の学才はこの系統の父祖譲りのものだったのかもしれない。

『参記』はこの成尋が日本の仏教界で栄達を極めた後、延久四年（一〇七二＝宋・熙寧五）に六十歳で宋（北宋）代の中国に渡航し、[3] その書名の通りに、天台宗の本山である天台山や文殊信仰の聖地五臺山を巡礼する旅の様子を記したものである。成尋は宋に滞留し、永保元年（一〇八一＝元豊四）に首都開封（河南省開封市）で死去したが、同行して先行帰国した弟子たちが詳細な渡宋記録である『参記』八巻を日本に持ち帰っている。

なお、成尋自身の経歴に関しては、当該期が貴族社会の動向を知るための材料である大部の日記（古記録）

が欠如する時期にあたることもあってか、『参記』に残された入宋の事績以外では、日本国内での動向を知る材料は殆どない。『成尋阿闍梨母集』によると、兄か弟かは判然としないが、成尋には兄弟が一人おり、彼も出家して仁和寺《にんなじ》に入り、律師《りっし》になっていた。成尋らの父貞叙は早くに亡くなったらしく、成尋の母は「このきんだちを、てゝもなくなりてもたるに、人びとまゐらせ、もゝ宮と申すもえさらぬすぢにて、『我しらん』など、さまざまの給しかど、法師になしてんと思ひ」、つまり夫に先立たれて二人の子どもをかかえてどのように生きていけばよいのか悩んでいる時に、桃宮《もものみや》＝彼女の祖父高明の妻で、藤原師輔《もろすけ》の女愛宮《あいのみや》（桃園に所領あり）が成尋らを引き取りたいといってきたが、二人に出家の道を選ばせたという。

『大雲寺縁起』成尋伝によれば、成尋は七歳の時、大雲寺の初代検校《けんぎょう》文慶《もんきょう》の弟子になったと記されているから、これは寛仁三年（一〇一九）のことである。文慶は権大僧都《ごんのだいそうず》、三条天皇の護持僧、園城寺の長吏《ちょうり》などを務めた名僧であった。その後の成尋の足跡は不明とせねばならないが、『参記』巻四熙寧五年（一〇七二＝延久四）十月十四日条〔235〕に天喜二年（一〇五四）十二月二十六日付で成尋を阿闍梨伝灯大法師位に補任する太政《だいじょう》官牒《かんちょう》の全文が掲載されており、次のような修行歴がわかる。成尋は文慶の入室弟子で、まず文慶から金胎・両部大法と護摩法・諸尊別行儀軌《ぎき》などを受法した。次いで入道兵部卿親王（致平《むねひら》親王、法名悟円《ごえん》）から胎蔵金胎蘇参部大法・護摩秘法、阿闍梨法橋上人《ほっきょうしょうにん》行円《ぎょうえん》（俗名源国輔）から参部大法・護摩法・諸尊別行儀軌などの深理を学び、阿闍梨大僧正法印大和尚位明尊《みょうそん》に両部大法・護摩秘法を稟学《ひんがく》し、顕密《けんみつ》の行法を修得したのである。その後、長久二年（一〇四一）に大雲寺別当になり、宮中の法華八講に出仕、天喜二年に延暦寺阿闍梨補任と経歴を重ね、大雲寺の発展にも努めて、如宝院・宝塔院を建立したという。

成尋の著作としては、『参記』以外にも『観心論註』『法華経註』『法華実相観註』『観経鈔』『普賢《ふげん》経科』『善財童子《ぜんざいどうじ》知識集』などが知られており（『国書総目録』）、天台教学の中心である法華経の探究を柱に、諸方面の教学にも研鑽を積んでいたことが窺われる。最澄《さいちょう》は渡唐時三十七歳、既に内供《ないぐ》奉《ぶ》十禅師《じゅうぜんじ》で、法華十講・天台会の講師を務めていたが、入唐して本格的に天台宗の教義を学んだのであり、空海《くうかい》は三十歳で、彼の場合は入唐直前に得度・受戒したらしく、やはり唐で真言宗の教義を修得し、密教の体系的な伝来を行った。その他、円仁《えんにん》は四十四歳、円珍は四十歳で入唐し、それぞれ唐での学修成果をもとに天台宗の密教化を図った。したがって成尋のような高位の僧侶・教学的に完成された人物が、六十歳という年齢で中国に渡航するのは異例中の異例であり、成尋の熱望・決断に注目しておきたい。

第二次世界大戦後にアメリカの駐日大使を務めた知日家の学者E・O・ライシャワー氏（Edwin Oldfather Reishauer）は、承和度遣唐使の天台請益僧《しょうやくそう》で、天台山参詣がかなわず、帰国する遣唐使一行と別れ、いわば不法滞在の形で唐に留まり、求法を続けた円仁の渡海日記である『入唐求法巡礼行記《にっとうぐほうじゅんれいこうき》』を玄奘《げんじょう》（三蔵法師）の『大唐西域記』、マルコ・ポーロの『東方見聞録』と並ぶ世界の三大旅行記と位置づけ、九世紀という古い時代の中国の様子を、外国人の目で観察した記録として比類ないものとして紹介している。[4]『入唐求法巡礼行記』は四巻、円仁は、承和度遣唐使の日常の様子、彼を援助した山東半島の在唐新羅人の動向、五臺山巡礼と長安滞在の日々、そして中国史上「三武一宗の廃仏」に数えられる武宗（在位八四〇～四六）による会昌《かいしょう》の廃仏（八四一～四六）の様子と自身の還俗等々、興味深い事柄について詳細な記録を残し、波瀾万丈に満ちた在唐生活を体験した上で、帰朝、第三代天台座主《ざす》として天台宗の隆盛に尽力するのである（円珍は第五代座主）。

ライシャワー氏は成尋の『参記』にも注目しているが、宋代中国の様子は他の史料によっても跡づけることができるのに対して、円仁の日記は当時の様子を他の史料よりもはっきり教えてくれるものであること、中国の生活様式に関する最初の綿密な記録であることなどにおいて、稀有の考察材料と位置づけている。しかしながら、『入唐求法巡礼行記』は在唐中の完全な日々の記録（日次記《ひなみき》）ではなく、承和五年（八三八）～十四年（八四七）の十年間を時には大幅に抄写する形である（特に廃仏に関わる巻四は日次が飛び飛びになっている）。一方、『参記』は延久四年（一〇七二）三月十五日の乗船から、入宋・巡礼を経て翌五年六月十二日先行帰国する弟子たちの出帆まで、四百七十日間の連続した日記で（二日だけ記事のない日がある）、分量は『入唐求法巡礼行記』を凌いでおり、その史料的価値は優るとも劣らないものであると評価すべきである。

寛平六年（八九四）菅原道真の建議により遣唐使派遣計画に再検討が求められ、延喜七年（九〇七）には唐そのものが滅亡しているから、日中関係を代表する遣唐使の時代は既に終わっていた。五代十国の混乱期を経て成立した宋に対して、日本は公的通交を行わなかったので、当該期の日中関係は一般にはイメージが希薄であるが、遣唐使事業の末期・終了後にこそ、唐・宋商人（商客、海商）の来航が盛んになり、彼我往来はむしろ頻繁になるのである。成尋は入宋後、首都開封で皇帝と謁見しており、その時の様子が『参記』に記されている。また宋に対する国際意識を『参記』の中に探ることも可能である。したがって遣唐使に比べて研究が不足する日宋関係を考究する上で、[5]『参記』もまた、稀有の考察材料を呈する史料と位置づけることができると思われる。

ここで『参記』八巻の全体像を簡単に紹介しておきたい。『参記』の内容と価値を表現したものとしては、

『国史大辞典』（吉川弘文館）の「参天台五台山記」の解説（石井正敏氏執筆）が簡にして要を得ているので、まずはこれを掲げる。

本書は、天台山（浙江省天台県）・五台山（山西省代県）という当時の仏教界の最も重要な聖跡地巡礼を中心とする一年三ヵ月にわたる記録であるが、その記述は仏教関係のみならず、宋代で最も国力の充実したといわれる神宗期の政治・経済・社会・文化の諸方面の事柄にわたっている。中でも、首都開封をはじめとする、旅行中に経過した各地の様子、水陸交通についての記述は克明で、当時の都市の状況や交通事情を具体的に伝える第一等の史料である。また、毎日の金銭の収入・支出、物価などについてもこまめに記されていて、貴重な経済史料となっている。このほか、記述は風俗・習慣・食生活、さらには動植物に至るまで及んでおり、公私文書がそのまま転載されていることなどとともに、本書の価値を一層高いものにしている。

『参記』の内容の要点を、私なりの読み所も含めて、もう少し詳しく整理すると、次の通りである（旧暦には月の大小があり、大月は三十日、小月は二十九日である）。

巻一　延久四年（一〇七二＝宋・熙寧五）三月十五日～六月四日

肥前国松浦郡壁島《かべしま》を出発し、入宋を果たす。一行は成尋と随行の弟子たち、頼縁《らいえん》供奉《ぐぶ》・快宗《かいそう》供奉・聖《しょう》秀《しゅう》・惟観《ゆいかん》・心賢《しんけん》・善久《ぜんきゅう》・長明《ちょうめい》、の計八人であった。宋への入国後は杭州の繁盛の様子、天台山国清寺《こくせいじ》に赴く途次の運河交通の情景などが描かれ、また中国への入国、国内旅行のための手続きも知られる。国清寺到着（五月十三日）後は、諸伽藍を巡礼しており、天台山の様子が詳しく記されている。
巻二　同年六月五日～閏七月二十九日
五臺山巡礼申請のための交渉の様子、国清寺滞在中の諸僧との学問的交流、また天台県や台州の役人との教理上の問答（法門問答）と経典の貸与を通じた交わりなどが描かれている。五臺山巡礼が許可され、しかも京師（首都開封）において皇帝との面謁も指示されたので、勅旨による上京ということで、以後の旅行に大いに便宜を得ることができた。
巻三　同年八月一日～十月十日
国清寺を出発し、京師に赴く旅程を記す。運河の通行の様子、途次での人々との交流の諸相が描かれている。途中で見た葬儀の様子、象の見物など、興味深い記事が存する。
巻四　同年十月十一日～十月三十日
京師に到着し、太平興国寺《たいへいこうこくじ》伝法院《でんぽういん》を宿所とする。その後、皇帝に謁見し、五臺山参詣の許可を得ることができた。皇帝との面見の式次第・作法が細かく記されている点や日本の国情についての質問を受け、答弁している場面は重要な考察材料になる。五臺山行きまでの間、京師の諸寺を巡覧し、院内の高名な僧侶と交流・諸文献の貸借を行っており、学問的研鑽にも努めている様子が知られる。
巻五　同年十一月一日～十二月三十日
厳寒の時期の五臺山巡礼は堪え難いとして参詣延期を忠告されるが、早く登山したいと思い、待望の五臺山巡礼を成し遂げる。当該期の五臺山の様子を知る貴重な記録となる部分であり、文殊菩薩への献納品には日本の諸貴族と成尋との関係を窺わせる記述も存する。

巻六　延久五年（一〇七三＝宋・熙寧六）正月一日〜二月二十九日

五臺山巡礼を遂げ、京師帰還後の太平興国寺伝法院における人々との交流が記されている。その当時新《しん》訳経《やくきょう》の開板が進行しており、その翻訳に携わった僧侶の名前も登場する。一方で、成尋とともに入宋した随行者のうちの五人の僧侶（頼縁供奉・快宗供奉・惟観・心賢・善久）が先行帰国する準備を進め、日本に送る求得《ぐとく》の品々の選択作業も行われており、五人は二月八日に京師を出発した。

巻七　同年三月一日〜三月三十日

宋の朝廷での祈雨《きう》への従事と、その成功・皇帝からの褒賞の様子（善慧《ぜんえ》大師《だいし》号賜与など）が描かれている。また訳経場を見学しており、訳経の手順を知る史料としても貴重である。成尋はこの新訳経を日本に将来しようとし、皇帝から許可を得ることができた。

巻八　同年四月一日〜六月十二日

京師を離れて、天台山に戻る準備の様子、下向の旅程が記されている。新訳経の印刷の進捗・下賜を待って、明州《めい》に赴き、この新訳経を帰国する五人の弟子に託した。六月十二日に五人の出発を見送る（成尋と聖秀・長明は宋に残る）ところで『参記』は終わるが、正月二十三日に預けた『入唐日記』八巻を整理・追加し、最終的に『参天台五臺山記』八巻に仕立てたものを、この時に付託したと考えられる。

以下、『参記』の概要をさらに詳細に見ていきたいが、『参記』の写本・校訂と研究状況にも触れておく。多くの古典文献がそうであるように、日本に帰国する五人の弟子たちに付託された『参記』の自筆本は現在伝わらず、諸写本の中では東福寺（京都市）所蔵の古写本が最も古いものとされる（八冊、重要文化財）。その第一・三・五冊の奥書によれば、同本は承安元年（一一七一）に成尋の自筆本と校合《きょうごう》した写本を底本《ていほん》（校合や読解の拠り所とした本）として、承久二年（一二二〇）に書写されたものであることがわかり、また同本の巻頭あるいは巻末には「普門院」の印記があるので、円爾《えんに》（聖一国師《しょういちこくし》）の蔵書であったことが推測されている。この他、十数本に上る近世の写本があるが、殆どが東福寺本を祖本としているといわれる。なお、東福寺本の複製本が一九三七年に東洋文庫叢刊第七として刊行されており、東福寺本の様態を知るのに有益である。

『参記』の活字本や読み下し・注釈・現代語訳としては、次の諸書が存する。

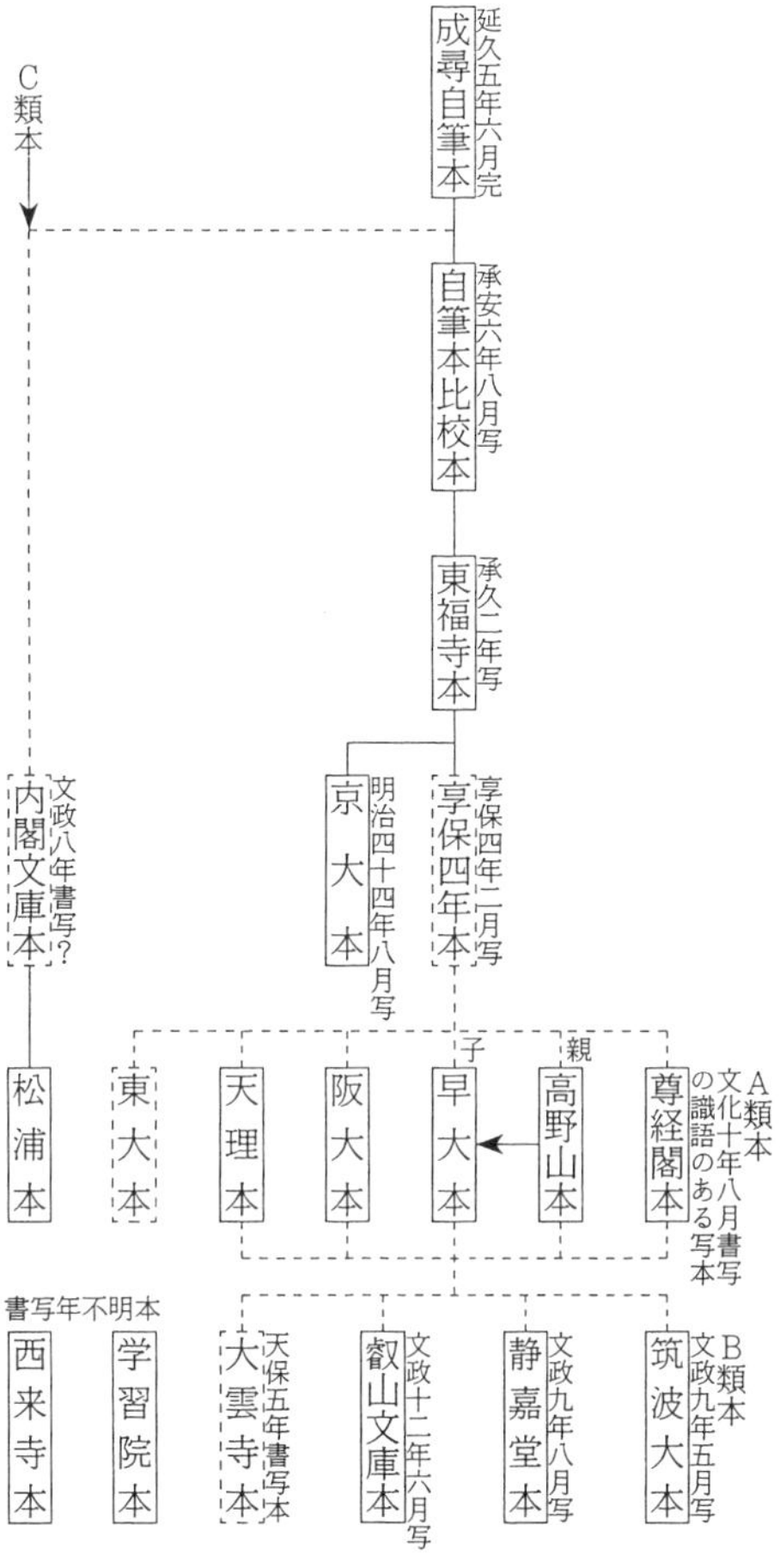

図3　参天台五臺山記の伝本

（『史料纂集 参天台五臺山記』第二〔八木書店、2023年〕234頁）

○『（改定）史籍集覧』二六「参天台五臺山記」（近藤出版部、一九〇三年）
…内閣文庫本を底本としたもの（なお、内閣文庫本は東福寺本とは系統を異にすると目される唯一の写本であるが、庫外に流失し、この系統の写本で現存するのは松浦史料博物館所蔵本のみである）。
○『大日本仏教全書』遊方伝叢書三「参天台五臺山記」（仏書刊行会、一九一七年）
…東福寺本を底本に諸本と校合。
○島津草子『成尋阿闍梨母集・参天台五臺山記の研究』（大蔵出版、一九五九年）
…大日本仏教全書本に依拠した活字本と読み下し・簡単な注釈。宋の文書は読み下していない。
○平林文雄『参天台五臺山記 校本並に研究』（風間書房、一九七八年）
…東福寺本を底本に諸本と校合した活字本と解説。
○齊藤圓真『参天台五臺山記』Ⅰ・Ⅱ・Ⅲ・Ⅳ（山喜房佛書林、一九九七・二〇〇六・二〇一〇・二〇一五年）
…大日本仏教全書本を底本に、諸本も参照しながら、現代語訳と注釈を付したもの。Ⅰは巻一・二、Ⅱは巻三・四、Ⅲは巻五・六、Ⅳは巻七・八を扱う。
○藤善眞澄『参天台五臺山記』上・下（関西大学出版部、二〇〇七・二〇一一年）
…大日本仏教全書本を底本に、諸本も参照しながら、現代語訳と注釈を付す。
○白化文・李鼎霞校點『参天台五臺山記』（花山文藝出版社、二〇〇八年）
…諸本を校合した活字本。
○王麗萍校點『新校参天台五臺山記』（上海古籍出版社、二〇〇九年）

…東福寺本を底本に諸本と校合した活字本。
○森公章校訂『史料纂集　参天台五臺山記』第一・第二（八木書店、二〇二三年）
…拙稿「『参天台五臺山記』東福寺本の校訂本（案）」（『遣唐使の特質と平安中・後期の日中関係に関する文献学的研究』平成十九年度～平成二十年度科学研究費補助金〈基盤研究〈C〉〉研究成果報告書〈研究代表者・森公章〉、二〇〇九年）での作業をもとに、東福寺本の翻刻《ほんこく》を基本としてそれに校訂を施した本文と読み下し文。
『参記』は計四百七十日の渡海日記であるが、二日間（巻二熙寧五年七月十二日条〈115〉、巻六熙寧六年正月二十四日条〈334〉）だけ記事が欠落しており、中国で刊行された上掲二つの活字本は現存記事によって四六八までの番号を付している。本書では欠落二日分を含めて四七〇までの番号を付した形に記事番号を表示した。

上述のように、一般的には成尋本人よりも『成尋阿闍梨母集』を残した成尋の母の方が知名度は高いことから、『参記』に対しては日本文学からの関心も強く、島津氏・平林氏は日本文学者であり、齊藤氏は仏教学の立場から『参記』を読解しようとしている（氏には『天台入唐入宋僧の事跡研究』〈山喜房佛書林、二〇〇六年〉、『渡海天台僧の史的研究』〈山房佛書林、二〇一〇年〉などの論文集もある）。日本文学では伊井春樹『成尋の入宋とその生涯』（吉川弘文館、一九九六年）、小田切文洋『渡宋した天台僧達』（翰林書房、一九九八年）などの単行本も出版されている。歴史学からの接近は必ずしも充分ではなく、宋代の都市・社会史から伊原弘『宋代中国を旅する』（NTT出版、一九九五年）、日宋通交史から王麗萍『宋代の中日交流史研究』（勉誠出版、二〇〇二年）、

『成尋《参天台五台山記》研究』（上海人民出版社、二〇一七年）、隋唐・宋代の仏教史・交流史や歴史地理研究の大家の著作である藤善眞澄『参天台五臺山記の研究』（関西大学出版部、二〇〇六年）、祈雨を中心に論じた水口幹記『渡航僧成尋、雨を祈る』（勉誠出版、二〇一三年）などが刊行され、漸く渇望が癒されてきたところである。日本史の立場からはまた、石井正敏「成尋」（元木泰雄編『古代の人物』六、清文堂出版、二〇〇五年、村井章介ほか編『石井正敏著作集二　遣唐使から巡礼僧へ』勉誠出版、二〇一八年に所収）が、簡にして要を得た成尋の小伝として重要であり、水口幹記『成尋』（吉川弘文館、二〇一三年）のような詳細な伝記も刊行されている。

私自身は外交史・国際関係の分野では特に対中国意識を軸として古代日中関係の諸相を研究しており、対外関係の第一論文集『古代日本の対外認識と通交』（吉川弘文館、一九九八年）をまとめた頃から、平安時代後期の日中関係の具体相を知る史料として『参記』に関心を抱き、東福寺本の読解を進めるとともに、いくつかの論考を発表し、『成尋と参天台五臺山記の研究』（吉川弘文館、二〇一三年）として上梓しており、また渡海日記としての特色や『参記』の成立過程を検討した論考「渡海日記と文書の引載―古記録学的分析の試みとして―」（倉本一宏編『日記・古記録の世界』思文閣出版、二〇一四年、改訂して上掲『史料纂集　参天台五臺山記』第二に所収）などを認めている。古代の日中関係においては遣唐使の比重があまりにも大きく、その相対化を図るとともに、遣唐使以後の日中関係の諸問題を探究したいというのが一つの眼目で、『古代日中関係の展開』（敬文舎、二〇一八年）でも『参記』の紹介と前後の通交状況を論じたところである。

『参記』の本文については上掲のようにいくつかの活字本があるが、活字本には読解の誤謬（文字の読み取りも含めて、誤字・脱字・脱文が存し、語句の切り方・訓点の誤りも多い）が指摘されており、注釈・現代語訳には日本史・中国史の知識不足からくる単純な誤りも多く見受けられる。(6)『参記』は日本人が書いた記録であるが、内容は中国での出来事であり、その理解には日本史の知識・日本漢文（変体漢文、和化漢文）の読解力と当該期の中国史の知見の両方が不可欠の要素となり、史料としての取り扱いの難しさが存する（私自身についていえば、中国史や仏教学の知識は特に怪しい）。文字の面では東福寺本に依拠した方が判読・読解可能な場合が多く、ここでは東福寺本の複製本を利用して、史料纂集古記録編の一冊として刊行した『参天台五臺山記』第一（八木書店、二〇二三年）の本文に依拠しつつ、またそれに基づき作成した読み下し文（同第二）をもとに、概要を紹介することにしたい。ちなみに、他の渡海日記でもそうであるが、中国に着岸すると、「郷に入りては郷に従え」の柔軟性で、中国の年月日を確認した上で、中国の年号を用いている。『参記』の引用に際しても、入宋後は宋の年号で表示することにする。

なお、以上の『参記』の紹介や成尋の経歴などに関しては、拙稿「成尋　宋代中国への旅─『参天台五臺山記』解説─」（『史料纂集　参天台五臺山記』第二所収）を若干再構成してまとめたものであることをお断りしておきたい。

目　次

成尋 —宋代中国への旅—

(Joh-jin's Travels in Song China)

延暦寺阿闍梨大雲寺主伝灯大法師位成尋は延久二年（一〇七〇）正月十一日に渡宋申文《もうしぶみ》を朝廷に奉り、文殊化現《けげん》の地である五臺山と中国天台宗の開祖智顗《ちぎ》の開悟の地である天台山の聖跡巡礼のため、渡海許可を申請した（『朝野群載《ちょうやぐんさい》』巻二十）。成尋は天慶の寛延《かんえん》（延長五年〔九二七〕渡海の興福寺寛建《かんけん》一行の誤記）、天暦の日延《にちえん》（延暦寺。天暦七年〔九五三〕呉越《ごえつ》に渡航）、天元の奝然《ちょうねん》（東大寺。天元五年〔九八二〕入宋を申請し、永観元年〔九八三〕渡海）、長保の寂照《じゃくしょう》（延暦寺。長保五年〔一〇〇三〕入宋）などの先例を掲げ、「官符を大宰府に給い、商客帰向の便に随いて、聖跡巡礼の望《のぞみ》を遂げん」、つまり太政官符を当時の出入国管理地である大宰府に下してもらい、渡航公認を得た上で、宋商人の帰船を見つけて、渡海、長年の巡礼の夢を実現したいと切望したのである。

ところが、朝廷からはついに渡航許可は下りなかった。そこで、「齢《よわい》六旬に迫り、余喘《よぜん》いくばくもなし。もし旧懐を遂ぐることなくば、後に何の益あらんや」と考えていた成尋は、密航という手段で宋人の船に乗り込み、入宋の旅に出る道を選んだのである。その詳細を記した『参記』の内容を紹介し、その豊富な話題を共有する意味で、ここでは上掲の巻次編成とは別に、私なりに成尋の旅程を次の七つに区分して見ていくことにする。

一「入国と杭州から天台山国清寺への旅」（延久四年三月十五日～五月十三日、巻一の途中まで）…宋への入国と国清寺までの旅

二「天台山国清寺でのくらし」（五月十三日～八月五日、巻一の途中から巻二、巻三の最初の部分まで）…国清寺滞在中の日々の様子

三「上京の旅」（八月六日～十月十一日、巻三と巻四の最初）…首都開封への上京

四「皇帝との謁見と開封滞在」（十月十一日～十月三十日、巻四）…皇帝との面見

五「五臺山巡礼」（十一月一日～十二月二十六日、巻五）…五臺山への旅の往復

六・七「再び開封での日々（上）・（下）」（十二月二十六日～延久五年四月十四日、巻五の末尾から巻六・七と巻八の途中まで）…先行帰国のために五人の弟子たちが出立するまでの日々、五人の出発後の伝法院でのくらし、宮中の祈雨への参修、祈雨の成功と国清寺への帰参の旅までの間の出来事

八「明州への旅と弟子たちとの別れ」（四月十五日～六月十二日、巻八の残りの部分）…明州までの旅の様子と先行帰国する弟子たちとの別離、『参記』の付託

なお、『参記』の原文および読み下し文は上掲の『参天台五臺山記』第一・第二をご参照いただきたい。

原文の雰囲気を汲み取るために、用語は時に原文の表現を採用し、簡単な解説を施したところもある。時刻

や度量衡は当時の呼称で記し、適宜換算値を示す（宋代の一里は約五五二メートル、一尺は三〇・五センチである）。時刻に関しては、一時《とき》には二時間の幅があるが、例えば「卯時」（二十四時間表示で五時〜七時頃）は目安として中間値で「卯時」（六時）と記した。但し、「卯時」の次に「卯二点」（五時半）のような三十分ごとの区分が表示されている場合は、前後の時刻の矛盾を回避するために、「卯時」（五時）と記したので、ご理解いただきたい。また時に前後の時刻に矛盾がある場合が見られるが、原文のままに記し、訂正案や「（?・）」などを付した。

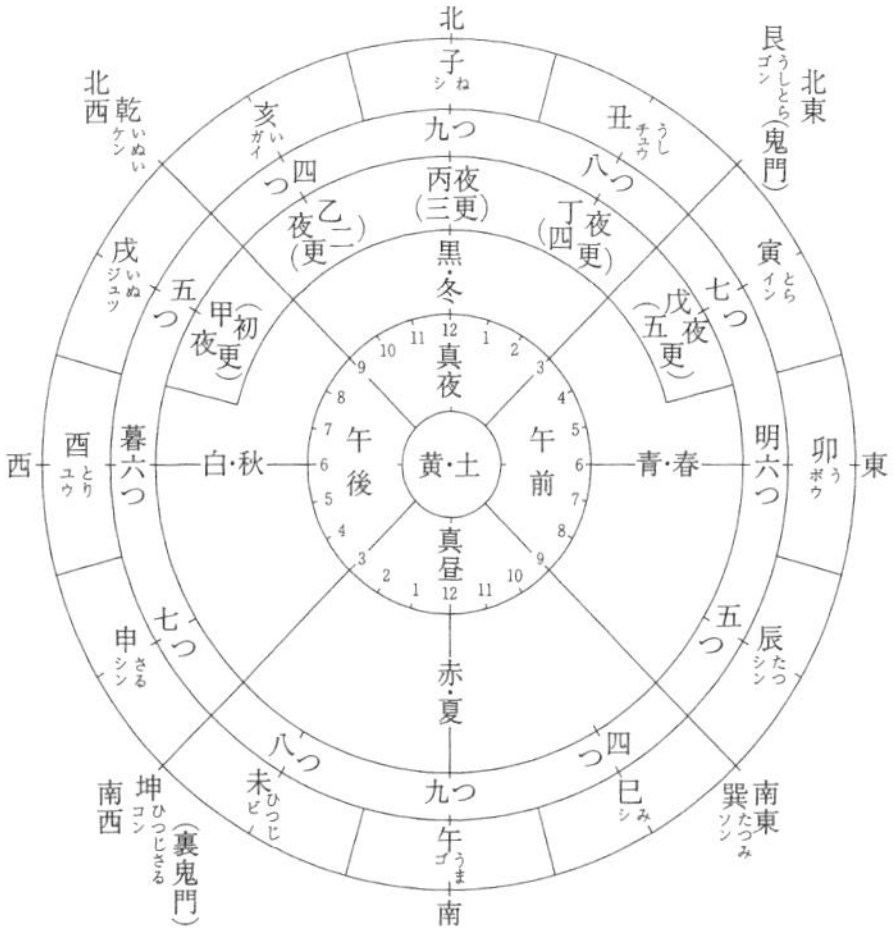

図４　時刻・方位の図

（『史料纂集　参天台五臺山記』第二〔八木書店、2023 年〕345 頁）

一　入国と杭州から天台山国清寺への旅

（延久四年〔一〇七二＝宋・熙寧五〕三月十五日～五月十三日）

辛苦の船旅

001 延久四年三月十五日乙未条

寅の時（四時）、肥前国松浦郡壁嶋《かべしま》において唐人の船に乗る。一の船頭は曽聚《そじゅう》、字《あざな》は曽三郎。南雄《なんゆう》州の人なり。二の船頭は呉鋳《ごちゅう》、字は呉十郎。福州の人なり。三の船頭は鄭慶《ていけい》、字は鄭三郎。泉州の人なり、三人同心して船に乗さしむるなり。船頭等、皆給物《きゅうもつ》を悦び、密々に相搆《かま》うるなり。志与の物は、米五十斛・絹百疋・褂二重《うちきふたかさね》・沙金四小両・上紙百帖・鉄百廷・水銀百八十両等なり。唐船に同乗する人は、頼縁供奉《ぐぶ》・快宗供奉・聖秀・惟観《ゆいかん》・心賢・善久・沙弥《しゃみ》長明なり。船に乗らずして還る人、永智・尋源・快尋・良徳・一能・翁丸、涙を拭いて離れ去る。辰の時（八時）、西風吹くに依りて船を出さず、壁島の西南の浦に在り。法華法、後夜《ごや》、経第六巻、如意輪供《にょいりんぐ》す。海辺の人来る時、諸僧は皆一室の内に隠れ入り、戸を閉じ音を絶つ。此の間の辛苦宣《の》べ尽くすべからず。午の時（正午）、日中経、第七巻、如意輪供す。唐人《とうじん》酒盛、最も以て興《きょう》有り。申の時（十六時）、文殊供す。戌の時（二十時）、初夜、経第八巻、如意輪供す。

『参記』の記念すべき冒頭の第一日（原漢文）を読み下し文にしてみた。成尋が宋人の船に乗ったのは延久四年（一〇七二）三月十五日の夜明け前で、密航を行うために、このような時間が選ばれたのかもしれない。場所は現在の佐賀県唐津市呼子《よぶこ》町加部《かべ》島で、呼子は烏賊《いか》漁で有名で、豊臣秀吉が朝鮮出兵の際に築いた肥前名護屋《なごや》城も近くにあり、東アジアへの出港地の一つとして相応しい。宋船の船頭（綱首《こうしゅ》）は三人で、それぞれ出身地が異なるが、協力して日宋間を往来する人々であった。

「字」はこの場合は中国人が一族の中の兄弟・いとこなど、同世代ごとの順序を示すのに記す排《はい》（輩）行《こう》のことで、以下『参記』では成尋が日本風に表記する名辞が出て来るが、意味を取り違えないように気をつける必要がある。例えば、侍中《じちゅう》は中国史では宰相クラスであるが、成尋は日本の蔵人《くろうど》の唐名《とうみょう》（中国風の官名）として用いており、侍中が出迎えに来たなどとあると、中国史の専門家はおやおやと思い、『参記』の記述に不審を抱くかもしれないが、そうではない。

成尋は資金潤沢であったらしく、密航の手間賃も含めて多額の志与物（こころづけ）を出したので、船頭たちもほくほく顔であった。この他に、六百余巻の経典、五臺山への奉納品、修法の道具（法門雑具《ほうもんざつぐ》）、行く先々で宋僧に贈る念珠・紙などの物品、そして旅費としての砂金、その他の品々（生活用具〔世間雑具〕等）など、携行品は膨大であったと考えられる。成尋の入宋が綿密に計画されたものであることを窺わせる一例である。(7)

成尋一行は八人で、同行者は成尋から見れば「小師《しょうし》」（弟子）と称される人々であったが、供奉《ぐぶ》の称号を持つ二人は「老師」と記されることもあり、やや別格の存在となる。うち頼縁は成尋の相弟子惟尊《ゆいそん》の弟子であることが知られるので（『大雲寺縁起』）、そのような人々にも入宋の旅を経験させようと配慮したのであろう。

残りの五人のうち、沙弥《しゃみ》長明以外では、長明とともに成尋の宋滞留に随従した聖秀が若干上位者であったようである。惟観《ゆいかん》・心賢・善久の中では、惟観と善久が雑使を務めたり、雇人などの俗人との折衝を行ったりと駆使される場面が多いが、成尋が宋に残り、先行して帰国する人々と別れる際に、日本への消息を託したのは惟観と心賢であったから、この三人はほぼ同格の弟子であったと見たい。

成尋一行は見送りのために西下していた人々と別れ、いよいよ出発かと思いきや、西風のためにこの日は進発できなかった。結局、十八日まで風待ちで壁島に留まっていたが、海辺の人々がしきりに物売りに来るので、そのたびに船室に身を潜める辛苦は筆舌に尽くし難かったという。(8) 密航ゆえの辛苦である。船中では宋人たちは酒盛りをしていたが、成尋は天台教学の根本である法華法を修しており、これからの旅程を通じて、基本的には毎日法華経八巻を順次何巻かずつくり返し読む行法が続くことになる。

三月十九日卯時（六時）、船はついに出帆した。二十日昼ころには高麗《こうらい》の耽羅《たんら》山（済州島）を過ぎ、航海は順調であったが、同日夜から二十一日には大雨になり、一時は方角がわからなくなるほどになった。雨が止んだ後、風が北西風に変じ、船人は大いにあわてたが、成尋が五臺山文殊・一万菩薩・天台石橋五百羅漢を数万遍、不動尊呪を一万遍念じた効果があったのか、北東風が吹いてきて、船は前進することができた。

航海は順調だったが、外洋に出た途端に船酔いが成尋らを苦しめる。成尋は治暦四年（一〇六八）から渡宋申請する延久二年（一〇七〇）までの三年間（千日修行）、そして入宋許可の諾否を得ることができないままにさらに二年間、計五年間の常坐不臥《じょうざふが》、横になって休むことなく、座禅のまま仏道を勤める「結跏趺坐《けっかふざ》」の行を修していたが、「五箇年の間臥《ふ》さざるを以て勤めと為《な》すも、今此の時に望みては殆ど退転すべし」とい

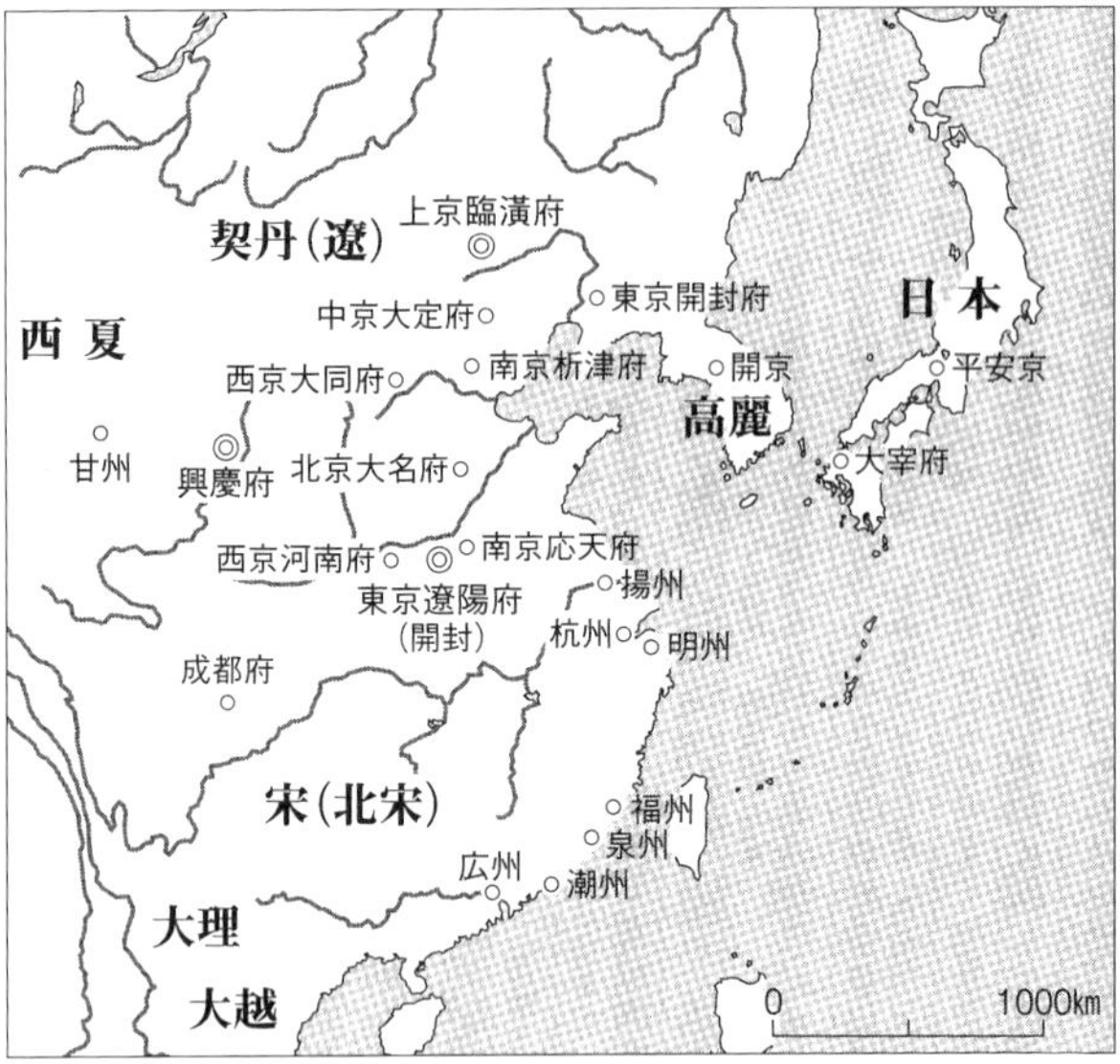

図５　10～12世紀の東アジア
（『史料纂集 参天台五臺山記』第二〔八木書店、2023年〕339頁）

うくらい船酔いは厳しいものと感じられた。成尋は食事を摂らず、一日中大袋に寄り懸かって辛苦したが、耽羅山を過ぎたころには回復し、食事も少し摂れるようになった。聖秀・心賢・長明などの方が船酔いがひどく、彼らは二十六日になって漸く回復しており、成尋の頑強な肉体と適応能力、若い者のだらしなさを印象づける仕儀になる。

唐海に入る

三月二十一日未時（十四時）には既に中国の海域に入っていた。縄に鉛を結んで海底に入れると、日本の海は深さ五十尋《ひろ》（約九〇メートル）で、底には石・砂があるが、「唐海」は三十尋、底には石がなく泥土であるという。このことを成尋は二十二日に林皐《りんこう》から教えてもらった。彼は字を林廿郎といい、但馬国の唐人林養の子である。林養は『扶桑略記《ふそうりゃっき》』康平三年（一〇六〇）七月条に越前国に到来し、一時は粮料賜与の上、廻却されそうになるが、その後安置が認められたとあるので、それ以来日本に留住していたのであろう(9)。

『権記《ごんき》』長徳元年（九九五）九月二十四日条には若狭国に到来した唐人林庭なる者が見えており、競争の激しい大宰府ではなく、若狭・越前方面、即ち敦賀《つるが》津で交易を企図する宋商人の存在が窺われる。但馬国は大宰府と敦賀、そして京都をも中継する地点にあり、林養─林皐父子の戦略は明白である。林皐は日本語が自在であったと思われ、こうした人物が彼我往来には不可欠であった。その他、施十郎《せじゅうろう》なる人物も日本語ができたようである（『参記』巻八熙寧六年五月二十四日条〔452〕(10)）。

三月二十二日にはまた、浜雀《はますずめ》二羽が船中に飛来したことが特記されており、これは「巡礼行記の如し」であるという。円仁の『入唐求法巡礼行記』巻一承和五年（八三八）六月二十七日条には、「渡鳥は信宿するも去らず。あるいは時に西飛すること二、三あり。またさらに還りて居る。かくの如くすること数度なり」と見え、六月二十八日条にも鳥の飛行が記されている。何もない大海の中で鳥が飛来するのは、陸が近づいた証左であり、成尋は中国への渡航を夢見て、『入唐求法巡礼行記』を暗誦するほどに何度も読んでいたので、この部分が思い浮かんだのであろう。成尋は円仁の『入唐求法巡礼行記』、奝然《ちょうねん》の『在唐日記』など先人の渡海日記をいわばガイドブックとして携えており（『参記』巻四熙寧五年十月十四日条〔235〕）、その他に空海や自派の祖師である円珍の記録も読んでいたことが知られる（巻一延久四年三月二十五日条〔011〕、五月十三日条〔058〕など(11)）。

さて、こうして船旅を続けるうちに、三月二十五日には蘇州界の石帆山《せきはんざん》が見えてきて、ついに中国本土が

図 6　舟山群島から明州まで

（齊藤圓眞『参天台五臺山記』Ⅰ〔山喜佛書林、1997 年〕の付図をもとに作図）

間近になった。以下、蘇州大七山↓三月二十六日明《めい》州別島徐翁《じょおう》山↓三月二十七日黄石《おうせき》山↓小岣《しょうこう》山↓四月一日岱《たい》山↓四月二日東茄《とうか》山↓四月四日鉄鼠《てっそ》（杵）山と舟山群島の多島海を南下し、方角を西に転じて、中国本土に接近する航路がとられている。この間、小岣山の山頂には清水があったので、瓶三口に水を汲み、仏闕《ぶつあ》伽《か》を献じ、成尋らもこの水を飲んだ。東茄山には泗州大師《ししゅうだいし》堂があり、船頭らは上陸・参拝している。泗州大師は泗州四聖僧伽《そうぎゃ》和尚（六二七～七一〇）のことで、観音の化身として広く帰信を集め、特に水難救済の神格は航海安全の守護神として崇敬されていたという。一船頭曽聚は成尋に縫物の泗州大師影一鋪を志与してくれたとあるから（『参記』巻一熙寧五年四月三日条〔018〕）、船頭らの信仰は相当に篤かったようである。ここにはまた清水の涌く井が二つあり、成尋らも湯を沸かして行水したと記しているから、やはりこの水の便も重宝されたのであろう。

四月四日には明州（浙江省寧波市）定海《ていかい》県に入り、明州は間近であったが、ここで西方の越州（浙江省紹興市）に向かうように指示され、明州・越州の沿岸を航行し、杭州（浙江省杭州市）で上陸することになった。宋代の官制の変動は複雑で、完全には把握し難いところがある。海外交易船の出入国を管理する市舶司《しはくし》は明州定海県に置かれていたこともあったが、この時期には浙江方面の市舶司は杭州だけに所在していたようであり[12]、杭州への入港が命じられたものと考えられる。これは密航者の成尋一行が乗っていた船であるがゆえの扱いではなく、一般的な手続きに従ったものであった。

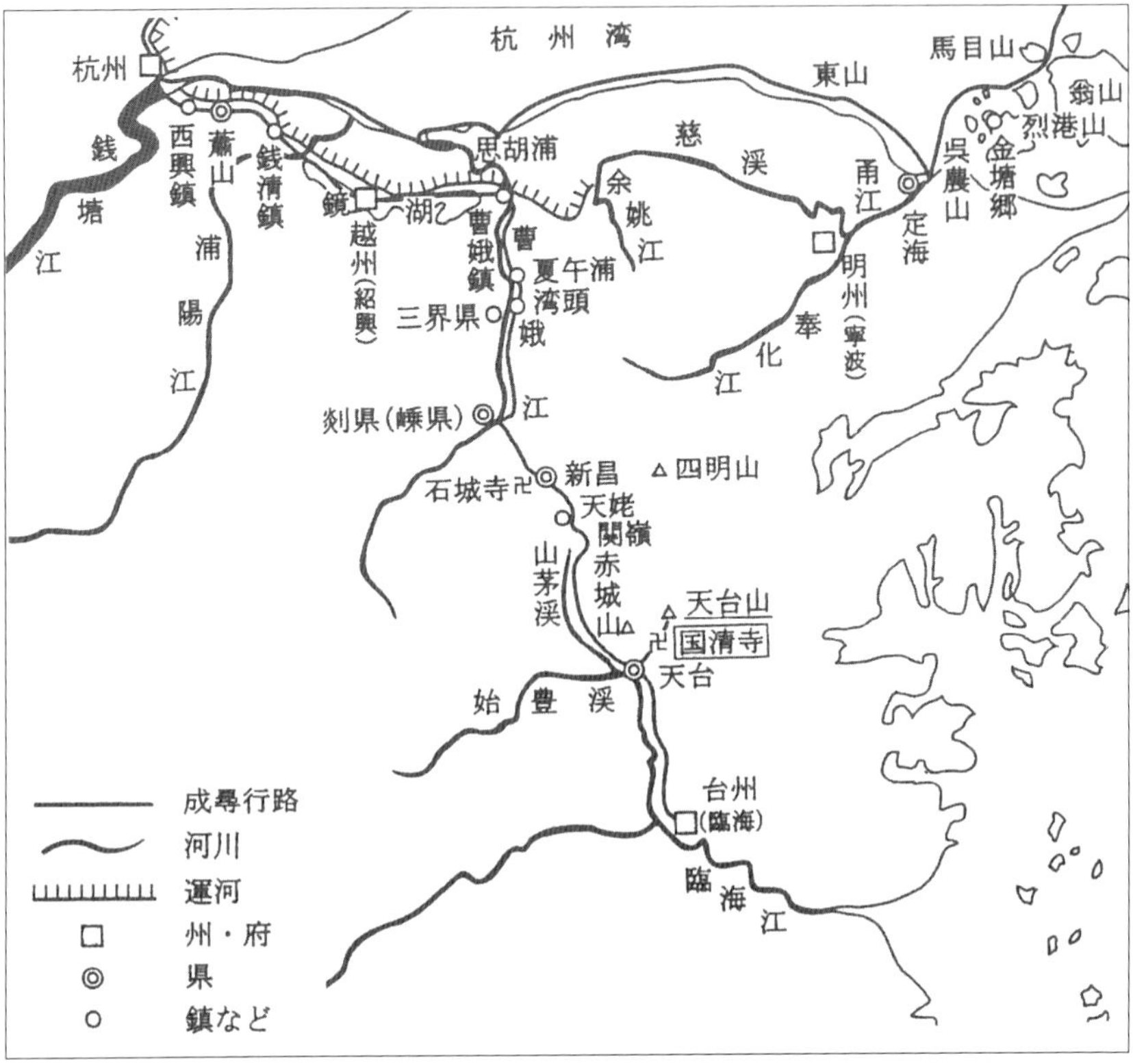

図7　明州・越州・杭州から天台山国清寺へ

（齊藤圓眞『参天台五臺山記』Ⅰ〔山喜佛書林、1997年〕の付図を改変）

杭州に上陸

杭州は江南の一大都市で、遣唐使の時代には越州の方が重視されていたが、北宋（九六〇～一一二七）滅亡後、南宋（一一二七～一二七九）では臨安府《りんあんふ》が置かれて首都として機能しており、この段階で既にその素地を有して、越州を追い抜く形で発展を遂げていた。(13)成尋一行が杭州に到着したのは四月十三日のことであり、『参記』には津屋はすべて瓦葺き、楼門が建ち並び、海面の方の畳石の様子、日本の宇治橋の如き大橋の存在、無数の売買大小船が行き交う有様などが記されている。運河の両側に続く家々もすべて瓦葺きで、荘厳な造作になっており、大船は数知れずと、驚くべき都会ぶりであった。

四月十四日には運河をさらに遡り、申時（十六時）に「問官《もんかん》」の門前に着いた。門は「日本朱門」（朱雀門）の如き立派なものであったと記されている。「問官」は市舶司のことで、(14)ここでまず入国手続きを進める必要があった。但し、翌十五日には市舶司で酒宴があったため、成尋らは船に留まり、上陸できなかった。この徒然《つれづれ》を慰めるためか、曽聚や林皐らが作飯《さくはん》（餅の一種）・桜子《おうし》（さくらんぼ）・甘蔗《かんしょ》（さとうきび）・糖餅《とうへい》などを志与してくれ、成尋はその材料・形状や食べ方・味を細々と書き留めている。

四月十六日に成尋らは上陸し、客商官舎で待っていると、市舶司が来た。成尋らの乗船の物品はすべて運納・差し押さえられていたが、これは成尋らが密航したためではなく、貿易税である抽解《ちゅうかい》を行うための通常の手続きである。市舶司も成尋のために来た訳ではなかった。成尋は市舶司に申文《もうしぶみ》を提出したが、明日杭州府で知州《ちしゅう》（州の都督）に渡すように指示されている。この申文は天台山巡礼の許可と通行証の交付を求めたものと思われるが、これは市舶司の管轄ではなく、行政官である州県官の職務であった。

船物検査の間は何もできないので、船頭以下は宿泊所に移動し、成尋らもこれに同行した。宿泊先は把剣《はけん》営《えい》にある張賓《ちょうひん》（張三郎）の店家で、家主張三郎は毎日美食を整えてくれた。成尋らは草鞋や笠を購入し、宋での活動の準備を進めたり、宿坊の壁の上に阿閦《あしゅくぶつ》仏真言が懸けてあったりしたので、「現転女身図縁」（女性は変成男子《へんじょうなんし》により仏となる旨を説いたものか）を日本に送るため、おそらくは日本に残してきた老母への贈物にするために、自ら書写している。(15)

四月十八日には張三郎に銭三貫を借りて、市舶司に送っている。これは船物検査を円滑に進めてもらうための心付けであり、張三郎には荷物開封可能後に返金する旨を伝えている。この心付けのおかげか、二十日には成尋らの荷物はすべて自由になり、『参記』には「問官の恩、不可思議なり」と記されているが、今後、成尋はこの心付けの必要性とその効力を多くの場面で体験することになる。日本では殆ど経験することがない、それゆえに不慣れな支出であるが、外国旅行の際のマナーとして興味深い。

四月十九日には陳詠《ちんえい》（陳一郎）なる者が来て、日本に五回渡航したことがあり、日本語に通じているので、自分を通事《つうじ》（通訳）に雇い、天台山に参詣すべき旨の売り込みがなされ、陳詠を通事にすることを約束したという。二十三日にも高麗人が来て、日本語に通じている旨の売り込みがあった。日本人の入宋を聞きつけた通事希望者の中から陳詠を選んだように読めるが、『参記』の後文によると、実は陳詠とは既に日本で知己になっており、今回偶然に邂逅した訳ではなく、前々から渡宋の予定と通事就任の約束がなされていたことが知られる（巻二熙寧五年六月五日条〔079〕）(16)。

四月二十二日には張三郎に依頼して、砂金三小両と水銀百両を売って銭に換えてもらったといい、宋での活動費となる銭貨の入手、両替を行っている。また乗船の人々に紙などを志与し、渡海の協力に謝意を示したり、袈裟などを一行の人々に分与して、これからの旅行の準備に努めたりもした。そして、呉鋳・林皐らが杭州の市見物に誘ってくれたので、外出して市の賑わいを楽しんだ。七宝《しっぽう》の装飾、瑠璃壺《るりつぼ》に火玉を入れた色とりどりの明かり、玉簾《たますだれ》が並ぶ中、女人は琴・笙をあやつり、伎楽《ぎがく》も沢山出ている。また様々な水芸は技巧が凝らされたもので、筆舌に尽くし難く、見物人に茶・湯を出して、銭一文を取るしくみになっていた。市は東西三十余町（約三・六キロ）、南北三十余町で、一町毎に大路があり、小路は無数、売買の様子や市の雑踏は書き尽くせないほどのもので、知州（州の長官）の北方《きたのかた》の一行数百人が立派な轎子《きょうし》（人を乗せて担ぐ肩輿）に乗って通行する場面にも遭遇することができた。

二十四日には宝乗寺という寺院から金剛般若会への招待状が届いた。二十三・二十四・二十五日の三日間の斎会《さいえ》で、毎日二千人が参会するものであるという。二十四日は雨のため行かなかったが、成尋らは二十五日に参詣した。迎船が来て、乗船すること一時（二時間）ほどで到着。成尋らが入宋して最初に訪問した寺院であり、『参記』には大仏殿・五百羅漢院・観音院・菩提院など諸堂の様子が詳細に描写されている。斎《さい》食《じき》ではまず菓子類が出され、乳粥《ちちがゆ》・汁は三膳まであったが、「最後に飯は極めて少なくこれを盛れり」、即ち御飯が少なかったことに不満を述べており、成尋の健啖ぶりを窺わせ、今後の旅行に耐え得る体力を示唆している。

天台山行きの許可

四月二十六日に成尋は通事陳詠とともに杭州府に参上し、天台山参詣の許可を求める申文を提出した。この時に知州からお茶の接待があり、退去の際にはまた香湯が供され、成尋らを見物する人々が沢山いたという。天台山行きが決まるまでの間、成尋は安下《あんげ》（滞在）の寺を紹介してくれるように依頼したらしく、二十七日には府使が来て、南屏山興教寺を指定したので、府使に極細布六尋を志与している。宿泊先の家主張三郎は以前に細布を渡そうとしたが受け取らなかったので、宿泊場所の移動にあたって、木患子《むくろじ》琉璃装束念珠を志与して謝意を表した。

成尋らが興教寺に移ったのは、四月二十九日である。成尋は轎《きょう》（肩に担いで行くかご）に乗り、府使に伴われた一行は、四里（約二・二キロ）ほどの行程で興教寺大門前に到着、寺僧らの出迎えを受けた。高齢であった成尋は以降も轎で移動することが多く、弟子たちの中では頼縁が時に自ら銭を出して、轎に乗ることがある。この間、通事陳詠は天台山行きのために奔走していたのか、この日の興教寺への移動には同行しておらず、上述の施十郎が通事を務めてくれた。興教寺の伽藍見学の後には、北二里（約一・一キロ）の浄慈寺に向かい、『参記』には両寺の様子が詳細に記されている。

三十日には天台山国清寺《こくせいじ》からの僧四人の訪問があり、その中の一人允初《いんしょ》から「赤城《せきじょう》処咸《しょかん》教主は天台教に通じ、余人は深旨を了する能《あた》わず」と告げられ、期待がふくらむ。通事陳詠が来て、惟観とともに腋珠《えきじゅ》（真珠）を銭に交換に出かけており、天台山行きの準備も着々と進んでいる。五月一日には張三郎が来て「天台に参る申文、宿坊の主の名を加えしめんが為に召有《めし》れば、仍《よ》りて府に参る」と告げ、その後張三郎と船頭呉《ご》鋳《ちゅう》が来訪、「知府・都督、大師の為に其の志《こころざし》丁寧なり。二人共に署名を進むこと已《すで》に了んぬ。来日に天台に参るべし」と述べているので、この日に天台山行きの許可が得られたようである。二日には陳詠が「府牒を沙汰し預る二人に、銭各々百文取るべし」とアドバイスをくれた。万事がカネカネの現世である。

三日には允初が赤城の処咸教主への紹介状を書いてくれた。この日の午後には陳詠が借り上げた明州の沈福の船に荷物を積み、乗船した。府使が来て、日本の仮名文字を所望したので、成尋と快宗が書いて献上している。陳詠が杭州公移《こうい》（牒《ちょう》）を将来し、これで出発が可能になったが、この日は雨のため出立を控えた。

運河の旅

五月四日、ついに天台山行きの旅が始まる。杭州から天台山までは、まず越州府を経由して剡《せん》県までは水路を利用するのが便利で、五月四日〜十日が運河の旅になる。五月四日通済橋次門→第二水門清水閘《せいすいこう》、州西興泊にて宿泊、六日定清門→五雲門（蕭山寺《しょうさんじ》を遥拝）→官市務《かんしむ》→駐楫亭《ちゅうしゅうてい》（覚苑寺を遥拝）→銭清堰《せんせいえん》→山陰県→銭堰→越州府の迎恩門（百三十里、約七一・八キロ）、七日迎恩門→都督大殿→都沺門《とでん》→盤江→白塔山酒坊→勅護聖禅院に参詣→東関《とうかん》→曹娥堰《そうがえん》（計百三十五里、約七四・五キロ）、八日曹娥河に入り、河を上って王家会→夏午浦口→蔡家山（計百里、約五五・二キロ）、九日湾頭《わんとう》に至り、小船に乗り移る→三界県→黄沙→蔡家浦（計九十里、約四九・七キロ）、十日出船して五里（約二・八キロ）にて剡県に到着、張九郎の家に宿泊という旅程であった。

この間、要所要所では陳詠が杭州公移を見せて、水門を開けてもらったので、円滑な旅が可能になった。公移は文書様式としては牒であるが、公憑《こうひょう》・公凭《こうひょう》ともいい、唐代の煩雑な過所《かしょ》（通行証、パスポート）発給から、九世紀後半頃には公移による簡便な手続きに代替され、公移を得ることができれば、国内の移動が許可されるシステムになっていた(17)。

運河はいくつかの河川をつないだもので、河面の高低差があったから、水門を設けて、水面を同一にして、次の経路に進むという工夫がなされていた。また銭清堰では、「牛輪の縄を以て船を越す、最も希有なり。左右に各々牛二頭を以て船を陸地に巻き上げ、船の人々は多く浮橋より渡る。小船十艘を以て浮船を造る」、曹娥堰でも「水牛二頭を以て船を陸に引き上げ、次いで四頭を以て引き越し大河に入る」とあり、堰の越え方が説明されている。後に天台山から杭州に戻り、首都開封に向かう際にも運河を利用しており、そこでも詳細な描写がなされているが、『参記』が当時の運河の通行や水路のあり方を知る貴重な史料になることがわかる。

旅路の途中ではまた、様々な人々との交流があった。五月四日、清水閘では三十七歳の杭州捍江《かんこう》第三指揮第五都長行兵士の徐貴という者が、『四十二章』という経一巻を成尋に捧呈しており、成尋は「万歳を祈るべき由」を返答している。俗人にも篤信家があり、外国の高僧との結縁を求める事例は今後も散見する。七日には道士を見ている。この日に参詣した勅護聖禅院では、教主が茶を点じ、竹林の中に案内して笋（筍）二十本を抜き取って志与してくれた。教主は成尋が大門を出て退帰する時、手を取って船に乗せてくれたといい、成尋は「最も慇懃《いんぎん》の人なり」と評している。

十日は午前中に張九郎の家に到着したが、翌日からの陸路・山路に備えて、ここに宿泊することになる。ここでも銭小八郎という者が印香（練り固めた香）一両を志与してくれ、「拝すること百遍なり。制止すと雖《いえど》も承引せず」という状況であり、また家主の八十五歳の母が出会し、礼拝、銭二文を志与してくれたと記されている。日本に残してきた母と年齢が近く、成尋は自ずと母の面影を思い浮かべていたのかもしれない。

天台山中に入る

十一日にはまず家主の張九郎を介して国清寺までの三日間の夫九人・轎子担《きょうしたん》（肩輿かき）二人を雇った。計十一人、人別三百文で、三貫三百文を支払っている。また銭二百二十文を出し、張九郎に百文を志与、房賃は五十文、轎子の功に七十文であるという。頼縁は自分で六百七十文を出し、轎子担二人を雇い、他の人々は徒行で、出発した。三十五里（約一九・四キロ）で新昌《しんしょう》県に到着、ここで一息入れるが、総計十三人の夫の酒料として銭九十八文を支出している。さらに十五里（約八・三キロ）を進み、この日は王婆《おうば》亭《てい》の陳公店で宿泊、坊功五十文である。

十二日は卯時（六時）に進発、十五里を進み、辰三点（九時）に新昌県仙桂郷に至った。ここには石の阿弥陀仏堂があり、寿昌寺僧正明知大師の弟子行者李某が建立したという。ここでは李某が茶を供給してくれたが、成尋は「器穢《きたな》きに依《よ》りて喫さず」といい、このあたりには貴族出身の僧侶としての成尋の感覚が窺われるのかもしれない。さらに十五里を進み、午時（正午）に天姥《てんぼ》に到着、銭百五十文を出して十三人の夫に酒を飲ませた。また十五里を進み、申時（十六時）に新昌県から台州天台県の界域に入る。ここは関嶺《せきれい》という高い山の頂である。関嶺を通過して一里で鄭一郎の家に至り、宿泊した。

十三日も卯時（六時）に進発、五里（約二・八キロ）を進み、永保郷内旻《みん》十三家で休息、さらに五里を進み、飛泉口《ひせんこう》で休息し、また五里を進んで陳七叔《しちしゅく》の家で休息した。人々は茶を飲み、家主に銭を支払おうとしたら、受け取らなかったといい、このあたりには天台山参詣者に対する作善《さぜん》の意味合いがあるものと思われる。三里（約一・七キロ）を進み、景福院で休息、金堂の半丈六釈迦像を礼拝した。心賢は古経の中から『療痔病経』『八陽地蔵十王経』を撰び取ったといい、経典を勝手に持ち出せるようになっていたようである。二里（約一・一キロ）を進み、萱家橋《けんかきょう》で休息、「天台県に至ること廿里（約一一・一キロ）、関嶺を過ぐること廿里」という牓《ぼう》（立柱）が立っていた。五里を進むと、何方洋塔という高さ五丈（約一五・四メートル）ほどの石塔があった。さらに五里を進み、午時（正午）に赤城山《せきじょうさん》が見え、その頂には天台智顗《ちぎ》入滅の処を示す塔があり、これを遥拝して、「始めて以て拝見し、感涙抑え難し」であったという。

国清寺に到着

また五里を進み、未時（十四時）に清家《せいか》で休息、今回は頼縁が銭百五十八文を出して夫十三人に酒を飲ませる。「太平郷、東は国清寺に至ること一十里、京県に至ること五里」という牓があり、さらに国清寺が近づいたことを感じる。家主は道心のある人物で、人々に茶をふるまってくれた。赤城山の南面を見ると、赤石で城を造る如くであり、赤城山の呼称に得心がいった。五里を進むと国清寺の山に入り、高さ五丈の石製の五重塔があった。山中を行くこと五里、未一点（申一点か、十五時）、ついに国清寺の大門の前に到着した。ここで成尋は『天台宗延暦寺座主円珍伝』大中七年（八五三＝仁寿三）十二月十三日条の円珍の国清寺到着場面と相似した文章で風景を描写しており、これは寺門派の祖師である円珍関係の記録を参照したか、殆ど暗

記していたので、同じ表現を用いることになったのであろう。(18)

門前には寺主賜紫仲芳《ちゅうほう》・副寺主賜紫利宣《りせん》・監寺賜紫仲文《ちゅうぶん》ら数十人が出迎えてくれ、門内に入り、椅子で茶を喫し、宿房に入った。寺主が唐の暦で日の吉凶を調べさせたところ、「壬辰吉日」であったので、早速に諸堂を参観することになる。勅羅漢院《ちょくらかんいん》、食堂《じきどう》、大師堂、大仏殿、戒壇院を焼香礼拝したが、大師堂には「真覚法空大師院」の額があり、「智者真容、禅床に安坐し、定光影像《じょうこうようぞう》、宝座の上に坐し、三方には天台諸大師皆以て並び坐す《いま》」という状況で、成尋は「悲涙禁じ難し。昔聞き今見る、宛《あたか》も符契の如し」と記し、感激もひとしおであった。宿房に戻り休息の後、申時（十六時）には食事があり、酉時（十八時）に浴院《よくいん》で沐浴した。「毎日湯あり」という所見を記しているので、日本とは異なる点を書き留めたのであろう。

二　天台山国清寺でのくらし
（延久四年〔一〇七二＝宋・熙寧五〕五月十三日〜八月五日）

諸寺・諸院に参詣

既に五月十三日の国清寺到着日には諸堂を参観していたが、天台山には諸寺・諸院があり、まずはそれらを巡礼することから国清寺での日々がはじまる。『参記』では寺院の由来や建物の描写、内部の造作や一体一体の仏像などについて細かな記述がなされていることが多いが、それらについては本文・読み下し文に譲り、成尋の行動や諸僧との交流、成尋の感慨ぶりを中心に整理していくことにしたい。

十四日には辰時（八時）に寺主仲芳が成尋を慰問してくれたので、念珠一串を志奉したとある。成尋は多くの念珠を持参しており、僧侶などに志与しているが、この日本の念珠はなかなかに垂涎《すいぜん》の的であり、志与を希望する者が多かった。(19)また大衆も慰問に来たといい、成尋は自分の阿闍梨《あじゃり》補任の官符を見せており（全文は巻四熙寧五年十月十四日条（235））、日本天台宗における自身の地位を示しておこうとしたのであろう。次いで巳二点（九時半）に寺主の房で食事の供給があり、そちらに向かい、その後諸院に参詣することになるが、寺主の院は智者大師懺堂《せんどう》、別名教跡院といい、智顗《ちぎ》の持経の法華経第七巻を拝見することができた（他巻は焼失）。奥書に自筆で智顗の名が記されており、「感涙抑え難し」であった。

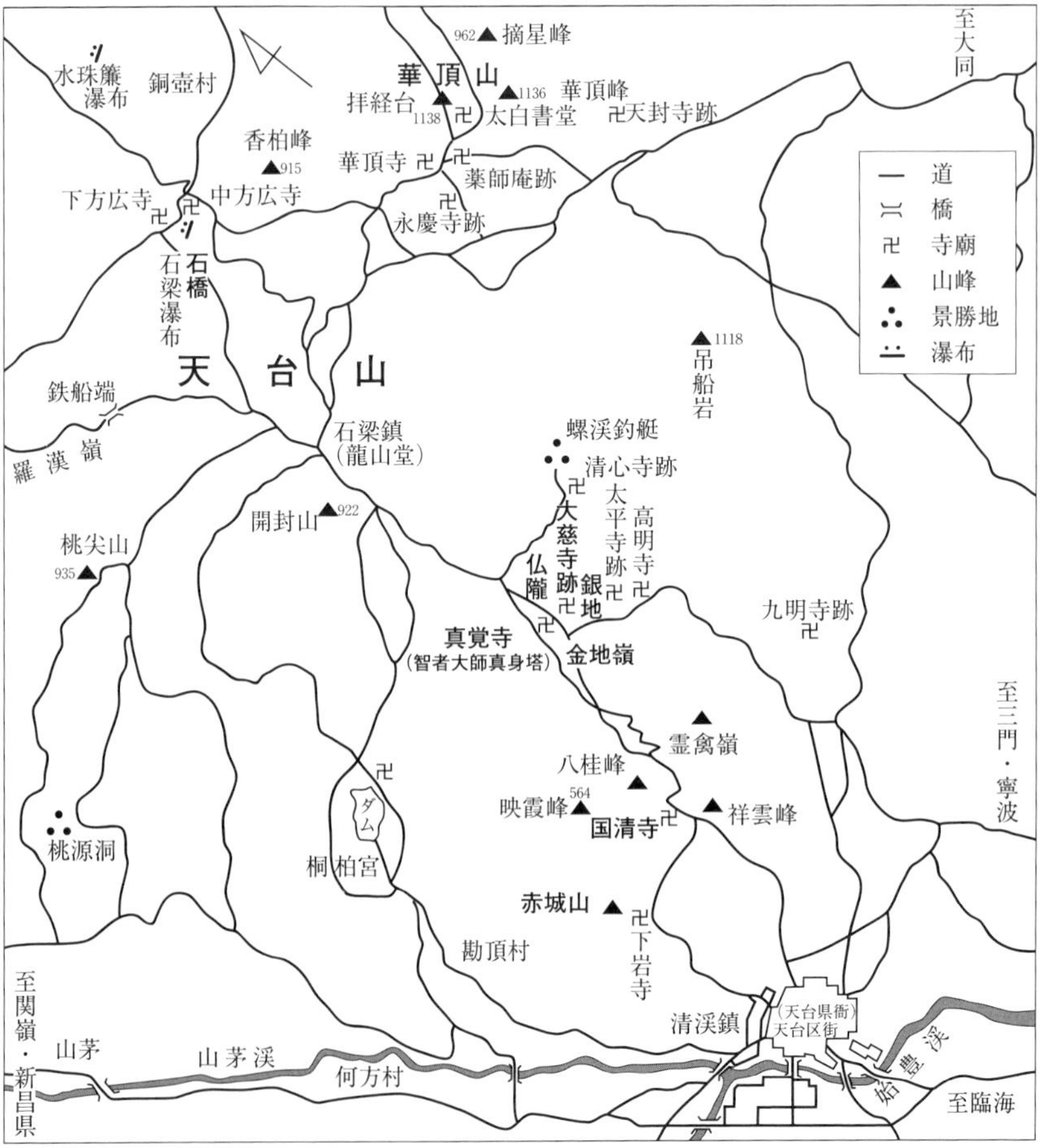

図8　天台山図
(『史料纂集 参天台五臺山記』第二〔八木書店、2023年〕341頁)

午時（正午）には豊干《ぶかん》禅師（阿弥陀の化現）・拾得《じっとく》（普賢）・寒山《かんざん》（文殊）に関わる三賢院を訪問、三賢に関する逸話が筆録されている。次に国清寺の大門の前を一町進むと、松林の東に拾得巌、普明禅師が錫杖で突き出した普明泉があり、豊干禅師存日斎堂、天台山の地主山王元弼真君《げんひつしんくん》を巡拝した。次いで定恵《じょうけい》院を拝礼した。『智証大師伝』によると、円珍は右大臣藤原良相《よしみ》からもらった路料砂金三十両で材木を買い、国清寺止観《しかん》院に止観堂を建立し、また最澄の請願により三間房《さんけんぼう》を造営したといい、日本天台宗の祖師たちとの縁を感じる次第であった。次の明心院には智顗在世中の経蔵・経筥《きょうばこ》が数十合あり、一切経を備えた輪転蔵《りんてんぞう》もあった。住持僧の咸寧《かんねい》は八十二歳、成尋よりも年長で、法華経の念者であるといい、茶・楊梅《やまもも》を提供してもてなしてくれた。この日は酉時（十八時）に宿房に戻る。寺主の弟子禹《う》珪《けい》が切々に念珠を乞うので、志与したといい、早速に念珠の人気ぶりである。

十五日には通事陳詠と惟観を遣して寺主・副寺主・監寺らに贈物をし、十六日には寺主に砂金三小両（約三七・三グラム）を献上して、諸僧の斎食に充てて欲しい旨を伝えている。その効用なのか、円珍が国清寺西院に住した故事により、宿坊を十方教院に移動すべき旨が指示され、十七日に移居する。寺主自らが清掃してくれたといい、ここでも金力は大きく作用するようである。

十八・十九日は天台山の巡礼に向かった。頼縁と長明は留守番をし、不参加であった。寺主から金銀を少々持参して諸院に奉るべしとアドバイスされたので、銀四両を持参して登山する。成尋は轎で、辰時（八時）に出発、十三里（約七・二キロ）で金地定恵真身塔院に至り、天台大師の真身（肉親像）を礼拝し、「涙更に禁じ難し。昔ただ名を聞き、今親しく拝し奉る、中心の悦び何事かこれに如《しか》んや」と感激している。次いで二里（約一・一キロ）で大慈寺に至る。ここは智顗の師である定光禅師が南峯の金地にいたのに対して、智顗は北峯の銀地に止住するように指示され、銀地道場と称された場所である。成尋は大仏殿、智者大師真身院、定光大師堂、法華懺院、仏隴《ぶつろう》道場などを参拝し、食堂で斎食する。副寺主が成尋の顔を見て、涙するので、通事陳詠に尋ねさせたところ、「容顔智者大師に似たれば、恐らくは大師の重来を疑えり」といい、このことを特記している。また日本国元燈《げんとう》上人影像と賜紫大師号および讃《さん》（徳を褒め称える賛嘆文）を見ており、これは寂照とともに入宋した人で、「日本人の影を見て感涙頗《すこぶ》る下《お》つ」であった。

大慈寺より北行、二十五里（約一三・八キロ）で捫蘿《もんら》亭《てい》、さらに三十五里（約一九・四キロ）ほどで天台山の最高地点である花頂《かちょう》に至る。ここからは下りで、歩雲亭を経て、本日のクライマックスになる石橋へと進む（図9）。まず白道猷尊者《はくどうゆうそんじゃ》影像等身金色堂を礼拝し、次いで石橋に参詣した。ここでは『智証大師伝』を引用し、これを何度も読んで、実見することを夢見たこと、それがついに実現し、感慨もひとしおであったが、成尋は「夢記」という夢の記録をつけており、その記載が示されているので、掲げておきたい。

日本康平四年（一〇六一）七月卅日夜、大河を夢みる。白き石橋有りて、小僧成尋、一橋を渡れり。未だ間断有るに及ばずして、一人有りて踏床を以て渡り、成尋をして渡らしむること已に了んぬ。夢の内これを思うに、天台の石橋なり。菩提心を発する人に非ざればこれを渡らず。今渡り遂げ了んぬ、心中に悦喜す。

石橋は昔日の夢の通りであるといい、成尋は「天台山石橋銘幷序」を書き写している。

十九日、辰時（八時）に石橋に行き、二十余間廊の五百羅漢に五百十六坏の茶を供養し、鈴杵真言《れいしょしんごん》を唱え

図９　石橋図　曽我蕭白筆（メトロポリタン美術館蔵）
菩提心のない人は石橋を渡ることができず、
転落する大騒動の様子が示されている。

たところ、「茶八葉蓮華文、五百余坏花文有り」という奇瑞が起こり、智顗の茶供《ちゃぐ》（茶を供えること）の時と同様に、羅漢が成尋の茶供を受領したことを知って、「随喜の涙、合掌と倶《とも》に下《お》つ」であった。巳時（十時）に食堂で斎《とき》があり、午時（正午）に石橋を退出、智者泉亭に至り、寿昌寺の監寺らと対面した。未一点（十三時）に真身塔院で休息、同四点（十四時半）に国清寺に帰着する。酉時（十八時）に寺主が非時食《ひじじき》（午前中の時食に対して、正午から翌日の暁まで普通は食事をしない時間帯の食事）を送ってくれ、「遠行の時非時を用うべし」とのことであった。

天台県、台州に赴く

五月二十日〜六月四日は国清寺滞在を正式に認めてもらうために、天台県、そして台州（浙江省台州市）に赴き、文書の交付を得ており、この過程で五臺山行きの希望を披露することになる。まず二十日には巳時（十時）に寺主とともに天台県に参向する。途中には国清寺の廨院《げいん》（出張所）があり、ここで小休止して茶を飲み、県衙に向かった。知県（県の長官）・仙尉（県尉の雅称）秘書に来意を告げ、県衙に入り、大守と面会、天台山参詣を許可された杭州公移を見せ、通事陳詠を介して話を交わす。大守は茶・薬を点じ、日本皇帝の姓名を尋ねたが、これには「帝王は姓無く、名有りと雖《いえど》も庶人は知らず」と答えており、ここに日本情報の伝達という交流が看取される（詳細は後述の首都開封での皇帝の諮問の箇所〈69頁〉を参照）。また石橋について尋ねられ、「極めて貴し」と返答している。以上で県衙での用務は終了し、再び廨院を経由して、未時（十四時）に国清寺に還着した。申時（十六時）に寺主の招待があり、参向すると、種々の珍菓と酒の饗応があった。

成尋は日本では飲酒の習慣がなかったので固辞したが、二度勧められたので、寺主は四坏、陳詠は一坏を飲んだとある。成尋自身の飲酒は記されていないが、以後こうした場面がいくつかあり、そこでは飲酒しているので、今回初めて一坏飲んだが、初回で、明確には綴述《てつじゅつ》しなかったのではないかと思われる。

二十一日〜二十五日には諸所で講会があり、寺僧たちと交流し、斎に参加するなどして過ごしている。上述のように、成尋は日本から経典六百余巻を持参しており、宋僧にそれらを貸与することが多かった。ただ、二十二日に禹珪《うけい》から「寒山子詩」一帖を捨与された時は、「中心悦びと為す」と記しており、宋ならではの入手の例もあった。この日はまた、寺主に衲袈裟《のうげさ》（法衣）一具・日本織物横皮《おうひ》（覆膊《ふはく》）と鏡筥を贈与しており、寺主からの返信の全文が掲載されている。以降も成尋は自分宛の書状・文書を『参記』に載せており、これは自分が発給した文書は掲載するが、もらった書状・文書は記していない円仁の『入唐求法巡礼行記』とは好対照になっている。円仁は書状・文書を携えて帰国するので、日記には後学者のために具体的な行動マニュアルとして作成すべき文例の掲載に努めたのであろう。一方、成尋はついに帰国しなかったので、宋での自分の足跡や諸僧・人々との交流の様子を本国に伝えるために、そうした選択がなされたのではないかと考えられる[20]。

二十三日には寺主・副寺主・監寺や諸老宿らが来集し、成尋の日本式の法華法壇を見て称賛したといい、こうした成尋、さらには日本に対する評価を誇る場面も記されている。この日は鸚鵡《おうむ》鳥を見たといい、珍しい食物と同様、動物についてもしばしば詳解する記述がある。二十五日には十方教院に同宿して知己になった良玉・禹珪・如爽《じょそう》、また願初・擇賢《たくけん》・道新・元吉らに紙を志与しており、特に禹珪は台州行きに同行してくれるので、細布一端を袴料《はかま》として給付し、良玉は能書人なので、台州への申状を清書してもらったという。杭州でも船頭曽聚《そじゅう》らや陳詠に紙を志与しており（巻一熙寧五年四月二十二・二十三日条〔037・038〕）、日本の紙は上質で珍重されていたようである。(21)

五月二十六日～六月四日は台州への参府の旅である。二十六日午時（正午）に寺主・禹珪・陳詠とともに轎で出発し、まず天台県に向かい、知県と監酒（県の第三位の官人で、酒関係の業務を監督）に面会する。ここで寺主は帰寺、その後、四十五里（約二五キロ）で泊歩《はくほ》に到着、ここで宿泊となる。二十七日には泊歩から五里（二・八キロ）で臨海県、五十里（約二七・六キロ）で丹丘駅、そして一里（五五二メートル）で州城の朝京門に到着、台州にも国清寺廨院があり、ここに滞在することになる。翌二十八日に州衙に参向し、知州少卿《しょうけい》（光禄少卿知軍州事）らと面会する。成尋は国清寺に安下したい旨を告げ、国清寺牒、成尋の牒、そして杭州牒（公移）を見せて、了解を求めた。その後、司理秘書、通判郎中、法曹秘書、二十九日には都監太保、監酒殿直などの官人と面会し、また開元寺に参詣したという。こうした交流は重要であり、六月一日には通判郎中の斎に招かれ、法門問答（仏教の教理に関する問答）をして、成尋の学僧ぶりを印象づけることができた。この日にはまた、杭州返牒と天台返牒が発給され、成尋の希望がかなったようである。

六月二日には司理秘校・法曹秘書・主簿秘校が来会、三日には参府し、少卿と対座して、やはり法門問答により成尋の学識を示すことができた。州の官人に好印象を与えたことは、成尋の国清寺滞在許可、さらには五臺山（山西省忻州市五台県）参詣の希望を記した上表文の京送約束を得るのに大きく作用したものと考えられる。三日午二点（十一時半）に台州を進発、国清寺の庄で宿泊し、四日午時（正午）に国清寺に帰着している。やや長文にわたるが、成尋の入宋目的がよくわかるので、能書人であった禹珪に清書してもらった表文の読み下し文を掲げておきたい。

大日本国延暦寺阿闍梨大雲寺主伝灯大法師位臣ム《なにがし》、天恩を乞いて五臺幷《なら》びに大興善寺・青龍寺等の聖跡を巡礼せんと欲す。右、ム、少年の時より巡礼の志有り。伝え聞く、江南天台は定光《じょうこう》金地に垂跡し、河東の五臺は文殊身を巌洞《がんどう》に現すと。将《まさ》に其の本処を尋ね聖跡を巡礼せんと欲す。而して大雲寺主と為《な》りて三十一年、左丞相（左大臣）を護持すること二十年、此《かく》の如きの間本意《ほい》を遂げずして、今齢《よわい》六旬に満ち、余喘《よぜん》幾ばくならず。若し鄙懐《ひかい》を遂げざれば後悔何ぞ益さんや。これに因りて商客の船に附することを得て参来する所なり。就中《なかんずく》、天竺道猷《どうゆう》、石橋に登りて五百羅漢を礼し、日域の霊仙《りょうせん》、五臺に入りて一万菩薩を見る。ム、性頑愚と雖も賢を見て斎《さい》せんと欲す。先ず聖跡を巡礼し、次いで天台に還り、終身法華秘法を修行し、専ら現証を求め、更に極楽を期さん。随身する所の天台・真言経書は六百余巻、灌頂道具は三十八種なり。真言経儀軌に至りては、青龍寺経蔵に持参し、其の訛謬《かびゅう》を糺《ただ》さん。伏して望むらくは天恩して早く宣頭を賜り、将に素意を遂げんとす。臣ム陳表以聞《いもん》す。熙寧五年六月　日。大日本国延暦寺阿闍梨大雲寺主伝灯大法師位臣ム上表す。

国清寺での交流

六月五日～閏七月十日は国清寺に滞在し、諸僧と様々に交流して過ごしている。経典の貸借や法門問答を交わしており、旅のない定住の日々であった。まずはこの間の動向を一覧してみたい（表1）。

表1　天台山での交流

6・5	〔079〕	国清寺僧らが成尋の台州往来を慰労
6・6	〔080〕	温州開元寺僧守則来訪／西山鴻実庫主の請あり／堂庫院にて寺饗
6・8	〔080〕	陳詠が杭州に出発
6・10	〔084〕	恵光大師（天台第十三代の祖師宗昱）の看経之院に参詣
6・11	〔085〕	禹珪が台州少卿の許に向かう…天台教目録（禹昌に新書写させる）を送る／真言書目録を貸す／また通判郎中には観心注法華経第一巻を貸す／頼縁・快宗のために大懺法を読始
6・16	〔090〕	寺主の請あり
6・17	〔091〕	食堂の斎あり
6・18	〔092〕	寺主に銀散物杖尻一柄を送る…朝棟入道（成尋のまたいとこ）の志与
6・19	〔093〕	中礼座主の請…中風で夢想があったという
6・20	〔094〕	寺主より法華秘法灯油の浄油一瓶・蘇州香灯一小瓶を送られる
6・21	〔095〕	大文字の上手である擇賢に「我心自空」を図書させる
6・24	〔098〕	注法華第三巻を交読し、「界還後寂光」の意を解き、感喜する
6・25	〔099〕	中礼座主より嚢餅一杯・作飯一杯・心餅一杯を送られる
6・26	〔100〕	西山実庫主が大熟瓜二果を持ち来る
6・27	〔101〕	寺主・副寺主・監寺と天台知県・推官が来て、法華法堂を見る
6・28	〔102〕	大門より出て、橋亭にて臨海県官人と謁す
6・29	〔103〕	教院講堂にて講会／臨海県官人が食堂の斎を儲ける
7・2	〔105〕	法印和尚（園城寺長吏・大雲寺主文慶）の遠忌…房中の僧とともに法華経・阿弥陀経を読み、念仏

7・3〔106〕良玉が熟瓜二果を送る
7・4〔107〕修禅大師（延暦寺座主義真）の遠忌…四要品を誦す
7・5〔108〕六時懺法を開始（～26日）…十方教院弥陀仏前で頼縁・快宗も同修
7・7〔110〕惟観・善久が縣斎に行く
7・8〔111〕智海表白の斎
7・10〔113〕寺主が懺法を聞きに来る
7・11〔114〕大衆が多来し、懺法を聞く
7・14〔117〕寺主の痢病を見舞い、法華懺法院に参向
7・15〔118〕盂蘭盆日なので、過去尊師等に廻向
7・16〔119〕食堂に出る
7・17〔120〕法華懺法院にて斎
7・18〔121〕徴上座の房の斎
7・19〔122〕処規庫主の粥／僧堂夏供の後、智海表白が斎を儲ける／智海表白が粽一杯・蜜一杯を送る
7・20〔123〕西山鴻実庫主の斎
7・21〔123〕羅漢院主法周の斎／海表白の斎／大門前の橋亭で天台県の知県大守と明州推官に謁し、官人らは法華道場・懺法堂を見る／赤城寺処咸教主が知県と来会し、成尋にも挨拶あり
7・22〔125〕海表白の斎二度あり
7・23〔126〕三賢院宗益の斎
7・24〔127〕庫院の斎…施主不明だが、「例斎に似ず、最も好し」
7・25〔128〕監寺大師の斎

7・26〔129〕去夜夜半に三七日懺法が結願／浴院処交の房の斎／如日文章が小師光梵と来訪し、茶一嚢を志与

7・27〔130〕羅漢院如貫闍梨の斎／監寺の許に寄る

7・28〔131〕戒壇主中部の斎

7・29〔132〕清祥座主の斎／赤城寺に参詣→教主処咸闍梨と法門問答

7・30〔133〕文晧庫主人の斎／寺主の院に参向／処咸教主の答は「最以不許也」

⑦・1〔134〕庫院の斎

⑦・2〔135〕台州少卿が息男を使として真言目録を返送／祥吉座主の斎

⑦・3〔136〕成尋以外の人々はが天台県仲縛の妻（昇闍梨の妹）の法事斎所に行く

⑦・4〔137〕三賢院日宣闍梨の斎

⑦・5〔138〕元表白の斎

⑦・6〔139〕惟照闍梨の斎／寺主より消息あり、五臺山行きの許可、上京・皇帝との面見の指示を伝える→天台県に行き、通判郎中に面会…注法華第三・四巻を貸す

⑦・7〔140〕慎如表白の斎／天台県より寺主とともに来県の要請あり→出向→台州牒を見せられる…上京・皇帝との面見を指示→知県・仙尉・推官秘書と法門問答、通判に如理如量六句・智証大師尺を献上→帰寺

⑦・8〔141〕寺家鎮守天斎仁聖帝・平水大王・五通天王に参詣し、白鶴霊王紙二百文、元弼真君には金擬銭二百文を焼く…上京・参臺の祈禱

⑦・9〔142〕希鳳の斎

⑦・10〔143〕了性の斎／台州に行く旨を告げるために知県の許へ→帰寺／寺主の請

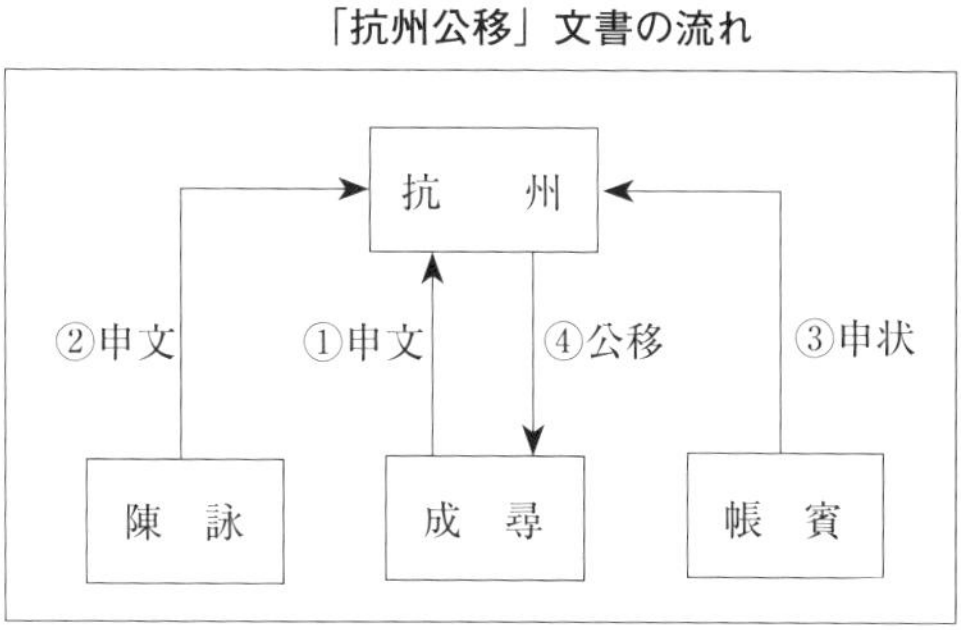

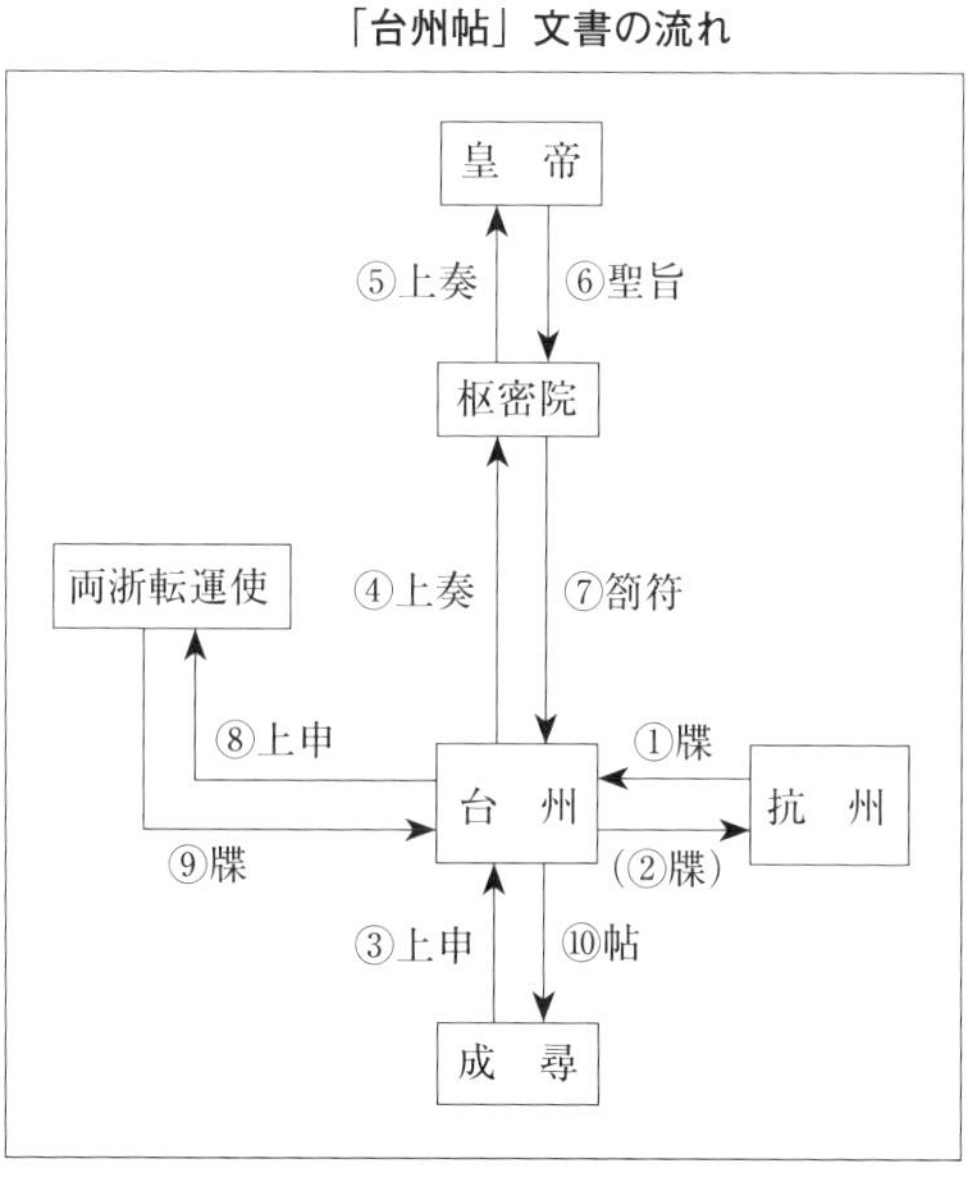

図 10　杭州公移・台州帖の発給の流れ
(遠藤隆俊「宋代中国のパスポート」〔『史学研究』217、2002 年〕62・74 頁をもとに作図)

これらのうち、いくつかの特記すべき事柄に触れておく。まず六月五・七・九日条には成尋の天台山行きを可能にした杭州公移、天台山滞在許可に関わる台州帖《ちょう》や台州と国清寺の間で取り交わされた文書の全文が掲載されており、宋代の文書行政のあり方を知る材料として注目される。(22) それらによると、成尋は当初天台山参詣の目的と速やかなる帰国という名目で杭州公移を得て天台山に赴き、天台山では三年間の滞在、さらには五臺山参詣という新たな要望を示して、台州の許可を得て、それを実現するという方策をとっていることがわかる。これは宋の行政制度を悉知した陳詠の計略によるものであったと考えられる。そこで、当初の計画変更を告げ、杭州公移を返却するために、六月八日には陳詠が杭州に向かうことになる。成尋一行には中国語を話せる者はいなかったが、筆談で対応可能と判断したのか、それにしても不安の残る措置であったと思われる。六月五日条に引載された国清寺宛台州帖には、陳詠は「母親在りて年老に当たるに人の侍養する無き」とあり、老年の母が杭州にいるので、その世話のためにも一度杭州に戻る必要があるという事情もあったようである（八月十五日に越州で再会し、以後再び行動をともにする）。

次に諸僧や人々との交流に関しては、六月八日に如日文章《にょにちぶんしょう》と出会っており、彼は作詩・詩詠による修行を行う特異な存在であった。成尋は「祖師智証大師（円珍）、唐に住《とど》まること六年の間、自他詩集十二巻あり、本国に還帰して、常に詩を作りしことを悔《くや》めり。これに因りて小僧（成尋）本国において本尊に啓白し起請して、詩を作らず、和を献ぜずと。恠《かい》と為さざれ」と告げ、唱和詩の作成は免れたが、如日からはしばしば詩作を送られて来ることになる。また成尋の京上・皇帝との面見が決まった時には、自分の作詩を尊官に献上して欲しい旨を伝えられている（『参記』閏七月五日条。以下同書による）。成尋はまた、台州や天台県・臨海県の官人とも交流しており（六月十一・十五、二十七〜二十九日条）、特に台州少卿には成尋が所持する天台教目録を新写したものを贈答し、真言目録も貸与している。そこには上京や五臺山参詣の実現の便宜を得たいという意思が大きく反映されているものと思われる。

七月十五日は盂蘭盆《うらぼん》の日で、成尋は過去の尊師等を廻向《えこう》している。この他に、七月二日には法印和尚（成尋の師で、大雲寺初代寺主の文慶《もんきょう》）、四日には修禅大師（延暦寺の初代天台座主義真《ぎしん》。円珍の師）の遠忌《おんき》法要を修しており、自分の流派につながる人々に意を払う様子がわかる。また六月十一日には頼縁と快宗のために大懺法《だいせんぼう》を談じ始めたといい、ここには自派の伝授という後世への配慮も窺われる。一方で、六月二十四日には注法華第三巻を交読（弟子僧らとともに読むの意か）し、「解界還復寂光」の意を得たといい、自分の修行も続ける日々であった。

宋僧との交流の中では、宋僧の無知・学識不足を指弾する記述も存する。六月十二日に日宣が貸与してくれた杭州孤山智円闍梨作の『弥陀経疏』一巻を見た時、『弥陀経疏』は日本僧の作で、智顗の真作ではないとあったが、これは間違いで、最澄が将来した『円宗目録』に「弥陀経疏一巻五紙、智者」と記されていることを指摘している。七月二十九・三十日には赤城寺の処咸《しょかん》教主と法門問答を交わしたことが見え、内容は不明であるが、「咸教主の答えを見るに最も以て許さざるなり」とある。これは杭州で処咸の前評判を聞いていたので（四月三十日条）、その天台教の理解に物足りないものを感じたのであろうか。但し、処咸とは不和になった訳ではなく、閏七月十日には成尋の京上決定に対して、処咸からの祝辞が届いており、その書状を引載している。

このようにして天台山での日々を送る中、閏七月五日には五臺山行き、京上・皇帝との面見の指示が天台県に届き、成尋はその文面を記した台州牒を拝見し、また八日には国清寺の鎮守の神々に上京・参臺の祈禱を捧げるに至るのである。なお、七月二十四日条には、「例斎に似ず、最も好《よ》し」という評言があり、成尋は天台山での様々な斎食に対して如何なる思いを抱いていたかが窺われる。また六月六日・七月十九日条には「美麗の行者」「優美の童」への言及があり、こうした方面への関心を示しているのかもしれない(23)。

再び台州に赴く

閏七月十一日〜二十四日には五臺山行き、京上・皇帝との面見の指示を確認するために再び台州に赴いている。一行は成尋と惟観・善久・長明である。十一日の出発時には寺主が自ら破子《わりご》(弁当箱)に米・菜を入れたものを持参し、寺の上臈《じょうろう》十余人が大門で見送ってくれたという。鴻宝《こうほう》大師は轎、鴻植《こうしょく》闍梨《じゃり》は乗馬で、新坊庄文瑤《ぶんよう》大師の斎所に同行し、先着していた如貫《にょかん》闍梨もともに斎に与《あずか》った。文瑤は日本の天台宗とも通交があった徳韶《とくしょう》和尚(八九一〜九七二)の弟子であり、徳韶の日記・自筆文書を取り出して見せてくれた。この日は臨海県で宿泊し、翌十二日に台州の国清廨院に到着、台州知事の光禄少卿知軍州事銭喧《せんけん》と面会し、筆談で問答を交わす。皇帝からの招聘の旨を確認し、使臣に随伴して上京する手筈であることがわかる。

ここから暫く台州に滞在する日々となり、様々な人々と交流があった。十二日には廨院に滞在していた松《しょう》門《もん》巡検の潘太保《はんたいほ》と筆言通語しており、また少卿のところから退出した時に、一人の若者が半紙に書いた詩一首を呈し、そこには「石橋建つる比《ころ》、何の載《とし》なるやを知らん」云々の句があり、天台山の石橋に関する詩が書かれていたという。十三日には禹珪を使者として台州管内僧判官覚希に白檀《びゃくだん》青琉璃装束念珠、都僧正子章に五香白琉璃装束念珠を贈呈している。この日にはまた、少卿が天台県へ皇帝に進奉する色目（目録）を送るが、その色目が正しいか否か確認を求めたので、念珠五串・銀香爐一口・青色織物綾一疋でまちがいない旨を答えている。

十四日には景徳寺の僧官が来て、念珠の贈与を求めたが、今回は覚希らへの分しか持参しなかったのか、もう手持ちがない旨を返事せねばならなかった。十五日は降雨であったが、道士老公が来て、茶をともにした。禹珪と行者は国清寺に戻るというので、禹珪に銭四百文、行者に四十文を与えている。十六日には少卿の許に参上したが、京上の手続きがまだ完了していないので、なお台州に留まるように告げられた。少卿は乳薬（旅の常備薬か）代として銭二貫文省を送ってくれた。この日には惟観が指で籠子《かご》を操作しようとして閉じるという出来事があったため、鍛冶を喚び銭十文を払って開けてもらうという仕儀になったとある。また白蓮院首座《びゃくれんいんしゅそ》の僧と処州《しょ》（浙江省麗水市）の備師《びし》が来て、「理即覚義」と「修性不二旨」について問答したという、成尋はこの二人を天台教をよく理解していると評価している。

この頃、科挙のために明州・温州（浙江省温州市）・台州の秀才が当地に会集しており、成尋と同宿する者もいたので、十七日～二十二日には秀才たちと仏典に関わる問答をしている。彼らの説明によると、この三州の秀才は台州で比試《ひし》（受験）し、取解（解試〔州試〕に合格し省試に応じる資格を得ること）するといい、約五百人以上から十七人が来春の御試《ぎょし》（皇帝自らの試験、殿前試）に進むことができ、五百人の秀才の中で三人を選抜して官を授けるという具合であった。全国には二十万余の秀才がいて、御前比試では三百人が選抜され官を授けられるので、およそ千人に一人という競争率であり、科挙の様子を知る情報として興味深い。

この間、十七日には国清寺の寺主がなかなか戻らないので、慰問に訪れてくれており、寺主は十九日に国清寺に戻った。二十二日に少卿の許に参上すると、京上の使臣は追って国清寺に赴くので、国清寺に戻って待つようにと告げられ、帰寺の準備にとりかかる。台州滞在中、成尋は台州の役人に経典を貸し出し、また法門問答を行っており、その仏教的知識により信頼を深めていたと思われる。

二十三日には少卿が転運使牒を見せてくれ、成尋らの京上の「盤纏《ばんてん》」、旅費として銭二百貫を充てるとあった。その後、台州衙を退出、二十一日に照会があった陳斅《ちんがく》の斎所に向かい、成尋は銭一貫、惟観・善久・長明は各々百文の布施を得ている。午時（正午）に国清廨院を出発、この日は沙《さ》潭《たん》の徐八の家に宿泊し、翌二十四日に国清寺十方教院の宿舎に帰着した。擇賢が寺主の指示で、『永嘉集』を返却してきたというのは、成尋の向京の出発が近づいていることを考慮したものであろう。

上京の準備

閏七月二十五日～二十九日には国清寺で上京の準備を進めることになる。成尋らが台州に行っている間に、留守僧ら（頼縁・快宗・聖秀・心賢）は行休大師らの斎に五度招かれたと報告があった。二十六日には天台県に行き、推官と謁見、剡《せん》県に行くのに必要な人力十人分の料を尋ねたところ、今回の京上は州県がすべて準備するので心配ない旨を告げられている。二十七日には大慈寺に参詣しようとしたが、轎《きょう》担《たん》男の小馬・小闍《しょうじゃ》らに銭の多少をめぐる論があって、彼らが来なかったので、参詣できなかった。二十八日には寺主が餞別の銭を贈るために斎を儲けてくれ、成尋には銭一貫、縁伯（頼縁）と宗伯（快宗）には各二百文、他の人々には各五十文が賜与されたという。

二十九日には台州大理寺丞・監税務・権推官《ごんのすいかん》の劉任衡《りゅうにんこう》が国清寺に到来、成尋らに軍資庫に赴き銭二百貫を受納すべき旨を告げたので、再度台州に向かうことになる。八月一日台州牒によって、寅時（四時）に国清寺を出発、台州に向かい、未時（十四時）に臨海県道安駅で使臣の鄭崇班《ていすうはん》と対面した。崇班に京上の詳細や官銭支給が記されている台州牒を見せたところ、後日国清寺に参上するので、お待ち下さいとのことであった。崇班は内殿《ないでん》崇班、鄭珍《ていちん》といい（十月十八日条）、ちょうど任期満了で交替して都に戻るところであり、成尋の京上を随伴させることになったのである。この日は沙潭の徐八の家に宿泊、翌二日に台州の国清廨院に到着し、少卿の許に参上した。

三日に善久らが軍資庫に向かい、銭を受納する。上名・左都衙の陳照寧《ちんしょうねい》が来て、小船で銭を送るのがよいと告げたので、惟観・善久に小船を任せることにする。陳照寧は護衛の役目もあってか、開封まで同行することになる（九月十五日・十月九日条参照）。四日には廨院を出発、国清寺庄で宿泊、五日に天台県の一郎長者の家に向かい、惟観の船の着不を尋ねたところ、未到であったので、もし到着したら、銭を長者の家に宿置すべき旨を伝える。午時（正午）に国清寺に還着、寺主が崇班の手紙を渡してくれたので、開封すると、先に剡県で待っているとのことで、いよいよ京上の旅が始まる。

三　上京の旅

（延久四年〔一〇七二＝宋・熙寧五〕八月六日〜十月十一日）

台州から越州へ

八月六日に国清寺を出発する。成尋と頼縁・快宗の三人は轎《きょう》に乗り、他の人々は徒歩である。法門雑具（経典など仏教関係の物品）は大方持ち出したが、世間雑具（日常生活に使用する物品）は寺主と海表白《かいひょうはく》の房に分置したといい、これは成尋が京上、五臺山巡礼を終えた後に再び天台山に戻る予定であることを示し、生活に必要な道具は留置したと述べている。寺主は七条袈裟を志与し、『安養集』十帖・『懺法《せんぽう》私記』一巻を返却した。巳時（十時）に天台県に至り、会路において天台県の人力十人が銭を担って来るのを待ち、午時（正午）に到来したので進発する。申時（十六時）、四十五里（約二四・八キロ）で関嶺《せきれい》の南家に至り、宿泊した。途中で五月十三日にも休息をとった景福院に立ち寄り、礼仏している。

七日は卯時（六時）に出発、七十里（約三八・七キロ）で新昌県に到着、知県に台州牒を見せて安下処（滞在場所）を乞うと、宝厳寺を紹介してくれた。知県に人力十二人・轎三乗の提供を依頼したといい、州県の「盤纏《ばんてん》」（旅費の給付）による京上の有り難さが窺われる。八日には知県から人力に銭を与えないようにと告げられたが、台州兵士を返遣する際には銭二百文を与えたといい、皇帝から路料を充分に賜与されていた成尋は、様々な場面で人々に銭を支給することになる。辰時（八時）に出発、午時（正午）に剡《せん》県に到着し、ここで崇班と合流する。実性院に安下し、院主から傅《ふ》大士《だいし》（南朝の居士傅翕《ふきゅう》（四九七～五六九））の故実、即ち木魚《もくぎょ》鼓を打って寺内の人々を参集させる方法は傅大士が始めたことを教えられた。知県らと筆談で法門問答を行い、成尋の学識を印象づけた。院主が淡柿《うすがき》（甘柿）を持参したとあり、以後も食物のことはよく綴述されている。

九日は降雨ながら、卯時（六時）に出発、小船五隻のうち、成尋らが二隻、崇班が三隻という配分で、ここから運河による船旅が始まる。申時（十六時）に六十里（約三三・一キロ）で三界、子一点（二十三時）に五十里（約二七・六キロ）で曹娥山に至り、宿泊する。十日は卯一点（五時）に出発、午時（正午）に東関に至り、天花院で礼仏し、その後杭州大船に移乗した。台州大船もあり、こちらには崇班らが乗った。子時（零時）に七十里（約三八・七キロ）で越州（浙江省紹興市）の東門に至り、宿泊する。十一日には辰時（八時）に船を回して光相寺に入り、礼仏・喫茶した。巳時（十時）に十里（約五・五キロ）で越府（越州都督府）の前に至る。申時（十六時）に崇班が酒一瓶・茶一瓶を志送してくれた。

十二日には午時（正午）に越州の新大船に移乗する。転運使は杭州に戻るので、崇班を介して成尋に杭州において奉謁すべき旨を告げたという。越州の官人たちが女舞楽の船で転運使を見送る様子も記されているが、その儀式は注《しる》し尽くすことができないとしており、詳細は不明である。十三日には崇班の子息である秀才が来て、成尋がこれからの旅程で必見の場所を教えてくれた。潤《じゅん》州（江蘇省鎮江市）の大江（長江、揚子江）の中にある金山寺は是非参詣すべきであり、杭州には三百六十寺、蘇州（浙江省蘇州市）には三百六十石橋が

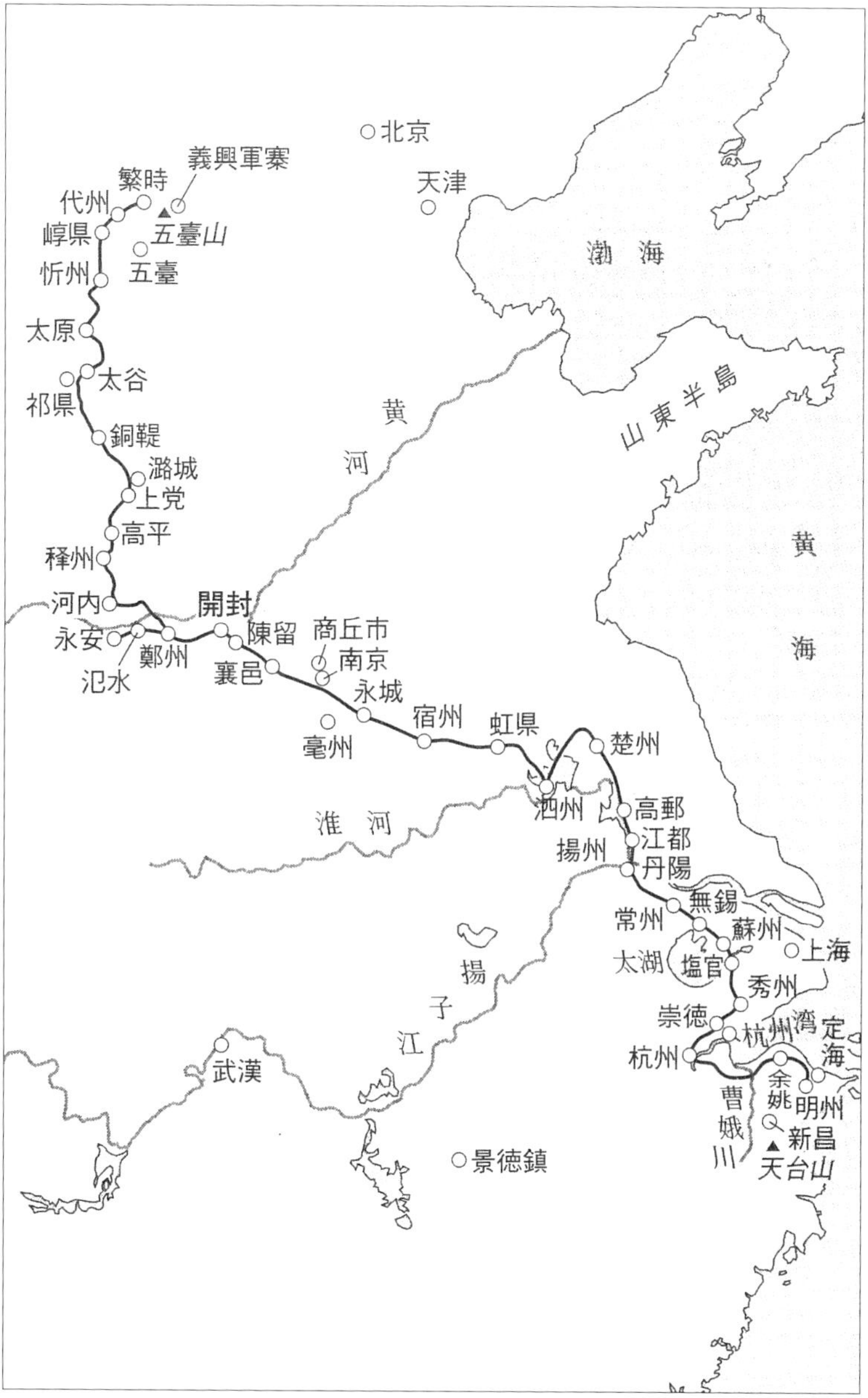

図11　成尋の活動経路

(『史料纂集 参天台五臺山記』第二〔八木書店、2023年〕340頁)

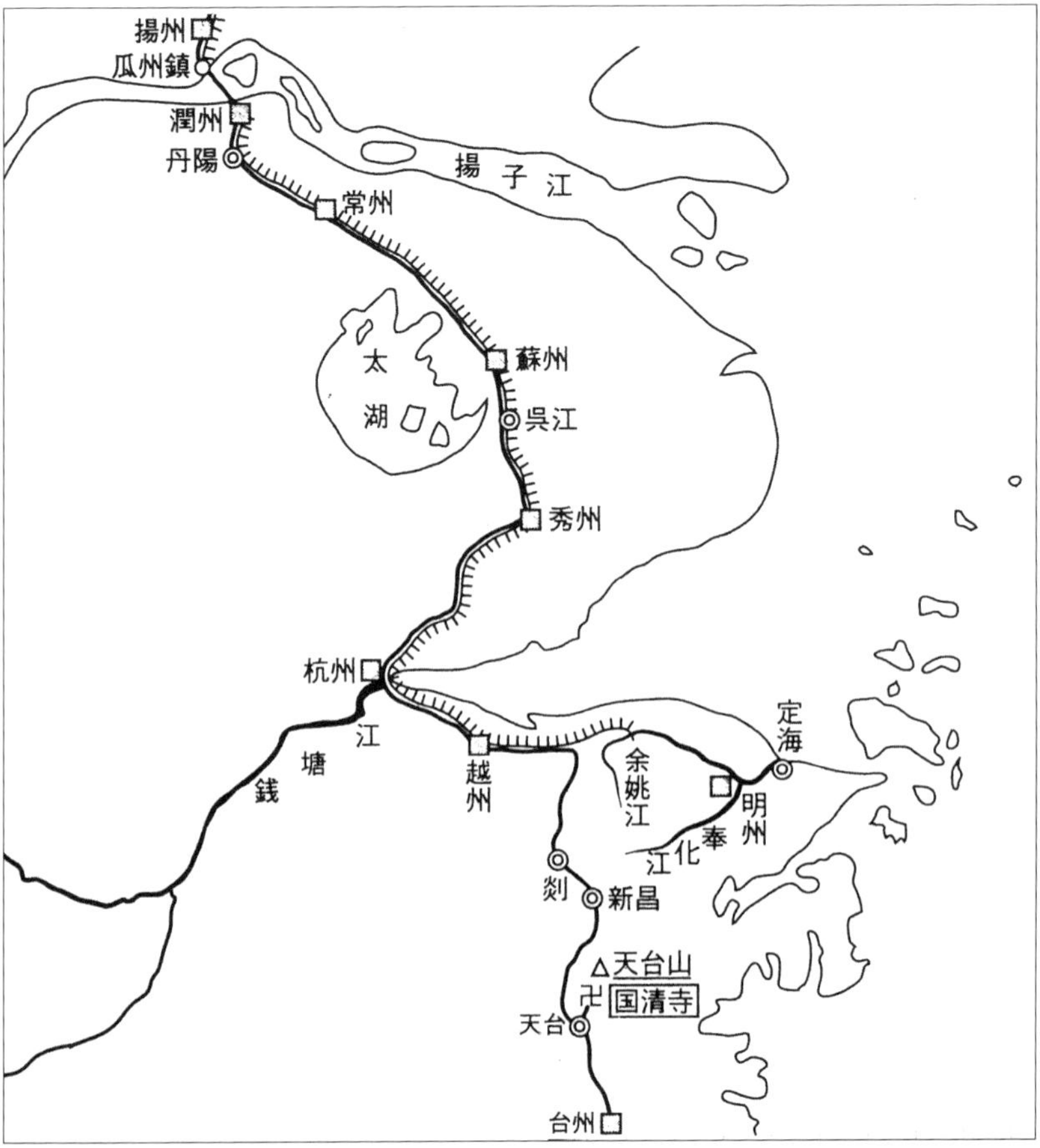

図 12　杭州から揚州へ
（齊藤圓眞『参天台五臺山記』Ⅱ〔山喜佛書林、2006 年〕の付図を改変）

あるという。越州からは成尋ら八人分の木製の敷物とその上に敷くゴザ様《よう》のものが送られてきた。この日に成尋は法華法の法壇をしつらえたとある。

十四日には越州都督衙から轎三乗が送られ、景徳寺で斎があった。成尋と頼縁・快宗は轎に乗り、崇班とともに寺に向かう。客人の中には管内僧正賜紫《しし》大師もおり、こうした形で各地の名士・名僧と面会する機会を得ることになる。成尋が寺主に日本の天台宗とも通交のあった良諝《りょうしょ》和尚の入滅日を尋ねると、知らないといい、『涅槃経私志』百巻のことを問うても、これまた知らないとのことであり、成尋は「極めて本意《ほい》无《な》し」と述べている。これまでも成尋が宋僧の学識不足を指摘する場面があったが、この旅の途中にもこうした感想が散見することになる。(24) 今回は布施がなく、寺僧はこれを奇妙だと思ったようだが、成尋は官銭の賜与があるものの、まだ自由に使える状態ではないと弁解を記している。

十五日、未時（十四時）に台州の陳都衙と通事陳詠が到来する。陳詠とは六月八日以来の再会で、旅路に通事を得て心強いことであり、「悦びと為すこと極まり無し」と記されている。十六日には未時（十四時）に崇班の轎と兵士四人で越州都督府に参謁し、十四日の斎の礼状を呈した。十七日には台州の兵士四人を返し、越州の兵士が交替して船を守護することになる。十八日には崇班を介して本日から官銭を成尋らが使用できる旨の連絡があった。

運河の様子

十九日巳時（十時）に杭州の転運使が崇班に牒状を送り、日本僧は出路して久しいのにまだ杭州に来ない、銭塘江《せんとうこう》は浅くて渡ることができないので、今日中に船を出すべきであること、また蕭山汴水《しょうざんべんすい》は浅く、大船は進むことができないので、蕭山県にその旨を伝えて、小船六隻を借りて来るべきであると連絡してきた。午時（正午）に出発、五十里（約二七・六キロ）で子時（零時）に銭清堰に至り、船を駐《とど》めて宿泊する。二十日は卯時（六時）に水牛八頭に轆轤《ろくろ》の縄を付けて、大船が銭清堰を越えた。船は長さ十丈、屋形の高さ八尺、広さが一丈二尺で、越州が勅宣によって日本僧の上京のために新たに彩色したものである。申時（十六時）に蕭山に至り、小船六隻に移乗する。この日は四十里（約二二・一キロ）を航行し、河口の定清門に至り、宿泊した。二十一日には辰時（八時）に法過門から大船に乗って潮の満ちるのを待ち、申時（十六時）に潮が満ちたので銭塘江を渡ることができた。十五里（約八・三キロ）を航行、酉時（十八時）に杭州の官舎に到着し、船物を運んで宿泊する。陳都衙によると、越州から杭州までは百五里（約五八・一キロ）ということである。

二十二日、降雨の中、辰時（八時）に轎を借りて転運使衙に参向した。四人の官人がおり、三人は黒（紫）衫《さん》（ひとえの短い衣）、一人は緑衫を着していた。転運使から大船を送る由を告げられる。次いで提挙《ていきょ》（提挙市舶司か）の衙に行ったが、大雨のため、知府都督と通判の衙には行かなかった。杭州府の様子は大門や広大な官舎数百があり、市内の大小路辻では綾・羅・金・銀・香・薬・絹・綿・布・食物等を売買することが活発であると描写されている。陳詠に家賃と妻子の上京料として沙金一両を与えた。巳時（十時）に転運使が大船二隻を送ってきたので、成尋らと崇班が乗船したが、船はまだ修造されておらず、本日は駐留することになる。二十三日には辰時（八時）に船を回して府衙に至り船を駐めた。これは船工等が来て船を修造するためである。しかし、修造には日数がかかるというので、転運使の指示により杭州大卿衙から大船三隻が送られ、一隻は成尋ら、一隻は崇班、一隻は小使（陳都衙のことか）と通事が乗船することになった。申時（十六時）に推官と左蔵都監（問官はこの人物か）が船に来たので、参謁する。彼らは皇太后宮御経（皇太后藤原寛子から付託された後冷泉天皇宸筆の経巻）を拝見し、大いに感激したようである。(25) 戌時（二十時）に通事に沙金三両・銭十貫を借したといい、これは開封到着後に本数を弁済する約束であるとあり、陳詠はこの金を元手に途中で商売をしながら京上するらしい。

二十四日、寅時（四時）に出発、午時（正午）に杭州の北門（余杭門）から出て、子時（零時）に淪濱《りんぴん》に至り、宿泊する。本日は六十里（約三三・一キロ）を航行した。二十五日、卯時（六時）に出発、午時（正午）に塩官県長安堰に到着、未時（十四時）には知県が来て、長安亭で茶の応接があった。申時（十六時）に水門二処を開いて船を出し、船が出終わると、関木《げんぼく》が曳《ひ》かれて水門が塞がれ、第三の水門の関木を開いて船を出す。次いで河面が五尺ほど下り、開門すると、上河と下河の水面が同じ高さになって船を出すというしくみであり、高低差のある二つの運河を調整して接続する方法がわかり、興味深い。亥時（二十二時）に塩官県に至り、宿泊する。本日は六十里を航行した。

二十六日には寅時（四時）に出発、午時（正午）に秀州（浙江省嘉興市）崇徳県の界内に入る。亥時（二十二時）に大門の外の河辺に高さ三・四丈ほどの磚塔《せんとう》が三つある三塔寺に至る。本日は百里（約五五・二キロ）を航行し、秀州の門に至って宿泊する。杭州の防送兵士二人は返した。二十七日には辰時（八時）に秀州衙に向かい、通事を介して少卿・通判と問答する。巳時（十時）に州使が道料として七人分の衣と七条袈裟を染める絹十五疋を持参したので、染めるべき色を指示して返した。船を廻し、北門の兜率院《とそついん》の前につける。午時

（正午）に少卿が酒三瓶を送ってくれたので、使人に銭三十五文を与えた。法酒（法則に合わせて醸造した酒）一瓶を崇班に志送《しそう》し、小使は成尋の船に招いて飲ませた。上述のように、成尋は日本では飲酒する習慣はなく、入宋後はやむを得ない場面では飲酒したようであるが、旅中で賜与された酒は人々に分与するという配慮を示している。

二十八日には午時（正午）に兜率院の諸僧が迎えに来たので、兜率院に入り諸堂を礼拝した。澄照《ちょうしょう》大師（道宣《どうせん》〔五九六～六六七〕、南山律の開祖師）の影像と妙楽《みょうらく》大師（天台九祖の湛然《たんねん》〔七一一～七八二〕）の日記を見たという。僧正の房には壺があり、水中に山を造り仙宮等があって、越州の釈迦院の二旁山《にぼう》のようであったと記されている。一僧と天台義を問答した。未時（十四時）に管内副僧正伝教臨壇首座賜紫広教大師用和が文状（書状）を出し、船中に来坐、茶二瓶を志与してくれ、法華法壇に焼香した。成尋は用和を恥を知る人、気配りができる人と評価している。用和はまた、皇太后御経・顕密目録を見て感慨を述べるとともに、宋では出家人は二十歳になって僧尼籍に登録されることになっているが（天聖八年〔一〇三〇〕制）、修行開始の年齢としては遅すぎるので、成尋が入京して皇帝と面見する時に、出家の年限を定めない先帝の旧制に復すべきことを進言してくれるようにと依頼している。この日には老僧で寿聖院の比丘《びく》願従が文帖《ぶんちょう》（書状）を出して船に来て、『戒躰《かいたい》』を借りたいといったが、船が出発するので、貸さなかったという。二十九日には巳時（十時）に府使が来て、七条袈裟の長短と衣の尺寸を計って帰ったとある。

九月一日、申時（十六時）に出発、秀州の北門を過ぎ、六里（約三・三キロ）で三樹《さんじゅ》堰に至り、二つの水門を開かせ、船を出した。堰の官人が船中に来て、法華道場を見たという。七条袈裟の到来を待つため船は進発せず、戌時（二十時）に七条七帖・衣衫七領が届いた、府の文状があり、銭十四貫四百文を献上された。出船し、閘頭に至り、宿泊する。秀州の防送兵士二人を返した。二日は寅時（四時）に出発、五十四里（約二九・九キロ）で申時（十六時）に蘇州平望県に到着、暫く船を駐め、同二点（十六時半）に出発、戌時（二十時）に盛墩《せいとん》に至り、宿泊する。三日、卯時（六時）に出発、巳時（十時）に大湖を過ぎ、午時（正午）に松江水を過ぎ、未一点（十三時）に葉陵亭に到着する。蘇州（浙江省蘇州市）は多くの橋があることで著名であり、長さ一里二丈（約五五八メートル）、幅四十八間（約一五メートル）、高欄付き・朱塗りで、中程に四間の楼がある利往橋の様子が描写され、橋を過ぎて笠澤亭《りゅうたく》、次いで大橋・市橋を渡って呉江県に到着した。平望駅《へいぼう》から呉江県までは四十五里（約二四・九キロ）であった。河の左に酒税務があり、蘇州の使人王守和が小船で出迎えてくれた。酉時（十八時）に呉江県から四十五里で州衙の前に至り、宿泊する。

蘇州から楚州へ

四日は卯時（六時）に、諸寺の僧らが都督の指示によって迎えに来てくれた。蘇州管内僧正広化院住持伝教臨壇文照大師善顒《ぜんぐう》と蘇州管内副僧正報恩寺伝教慈照大師法如の二人は成尋に起居状（ご機嫌伺いの挨拶状）を呈し、轎に乗って船に副って行き、開元寺主賜紫道隆と同寺の宗雅・誉昇《よしょう》・処参・法淵・道月ら百余人の僧が歩行して清詔《せいしょう》亭に向かったという。蘇州の兵士十人に轎子三乗を持たせて来たので、成尋らはそれに乗り亭に赴き、僧正らと点茶し、顕密目録を見せている。崇班とともに転運・都督衙に行き、饗応を受けた。このように多くの僧侶に迎え入れられたのは、成尋の先達となる入宋僧寂照《じゃくしょう》（円通《えんつう》大師）がこの蘇州の報恩寺普門院《ふもんいん》に止住していたためであり、(26)久方ぶりの日本僧の到来を歓迎する気運があったのであろう。

五日には辰時（八時）にその寂照の影像を拝礼するために普門院に向かった。州の兵士十人、陳詠と快宗・聖秀・心賢が同行し、八里で普門院円通大師影堂に到着し、焼香したといい、影像の讃には「治平元年（一〇六四）五月初一日。前住持法印大師守堅重修述讃」と記されていたとある。寺主に寂照の入滅年紀を尋ねると、もう三十年になるとのことであった。副僧正の房には壺中に水を入れ、山や奇巌・怪石、多くの仙宮を造ったものがあり、講堂では二十種くらいの菓子の饗応があった。日本僧の足跡には感慨深いものがあり、「極めて以て悲涙感喜し、注し尽くすべからず」と書き留めている。州兵士十八人には百文の銭を与えたという。転運使の催促で未時（十四時）に出発したが、都督からは酒五瓶が志送されてきたので、使人に銭三十文を与える。未二点（十三時半）に出船、数里を経て蘇州の北門（閭門《りょもん》）から出て、大きな石橋数十を過ぎた。蘇州から常州（江蘇省常州市）までは百八十里（約九九・五キロ）という。

六日は卯時（六時）に出発、巳時（十時）に上亭の堰を越えて常州の界内に入る。堰の水門と轆轤は荒廃していて年月が経過している状況であった。戌時（二十時）、八十里（約四四・二キロ）で常州無錫《むしゃく》県に至り、宿泊する。酒一瓶を陳都衙と通事に与えた。七日は卯時（六時）に出発、辰二点（七時半）に暫く船を駐める。崇班が酒一瓶を送ってくれ、陳都衙は糖餅十枚を持参してくれた。巳時（十時）に出発、杭州兵士一人・梢工一人を招き酒を飲ませ、また水手三人にも同様に酒を飲ませたといい、成尋の慰労の意を示す行為である。戌時（二十時）に百里（約五五・二キロ）で常州の南門の前に至り、宿泊する。府使の王瑜《おうゆ》が来て文状を出した。諸寺の僧数十人が文状を出して来迎してくれたが、もう暗くなっていたので、明日に奉謁すべき旨を告げて

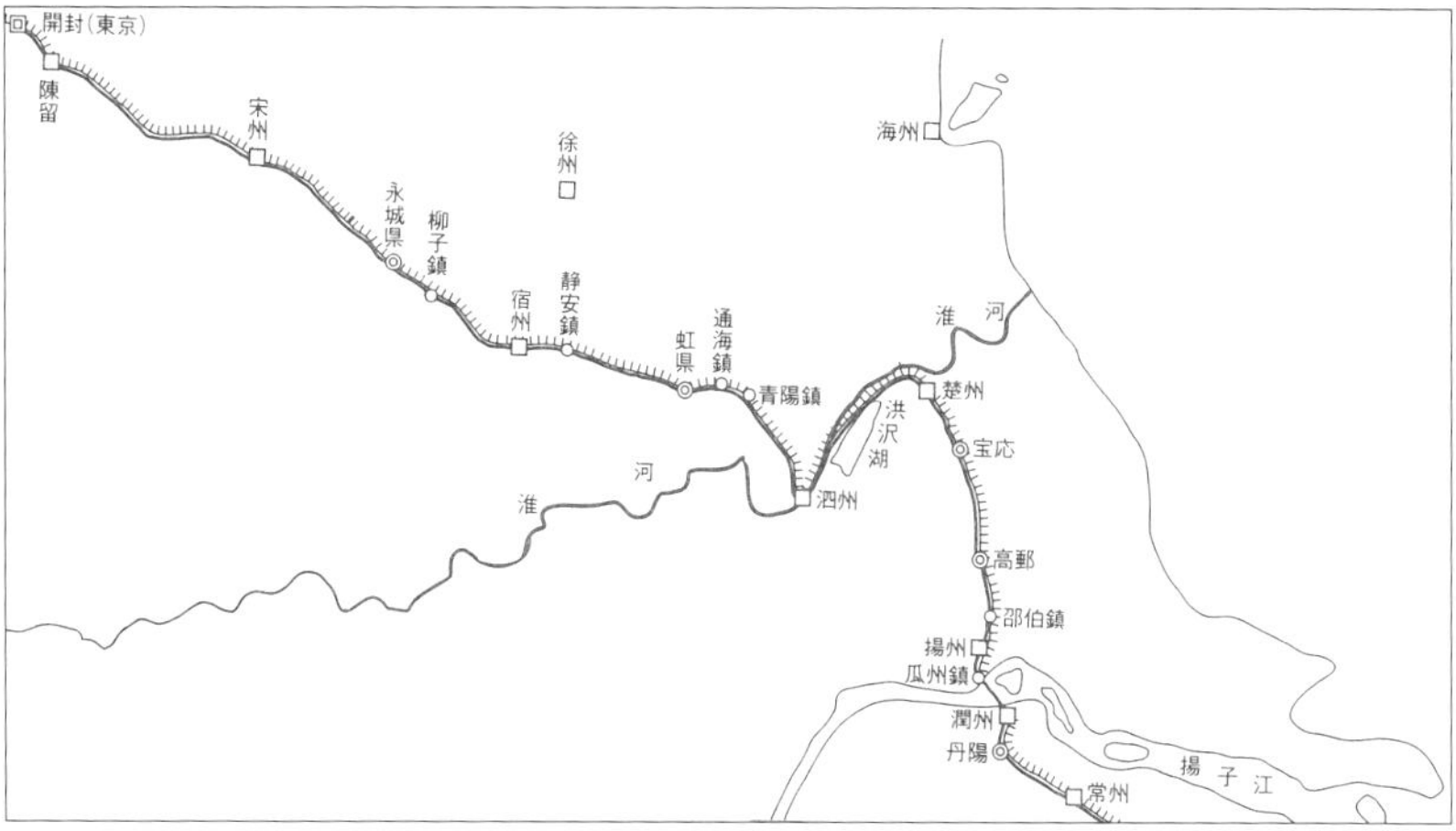

図 13　揚州から開封へ
（齊藤圓眞『参天台五臺山記』Ⅱ〔山喜佛書林、2006 年〕の付図を改変）

面会しなかった。管内僧正伝教賜紫懐雅《かいが》の起居状と管内副僧正講経律大徳中恵《ちゅうえ》の名が掲げられ、大平興国寺の僧十五人・薦福禅院《せんふくぜんいん》の僧二人・広福禅院二人・城下の表白一人の人数も挙げられている。本日は順風を得て、終日帆を上げて船を馳せらせ、百里を航行したといい、常州から潤州（江蘇省鎮江市）までは百八十里（約九九・五キロ）であると記されている。

八日、卯時（六時）に常州の城門に入り、辰時（八時）に臨川亭で船を駐めて逗留する。常州刺史が王瑜と兵士八人を使いに充てた。午時（正午）、北門の外に出て、二里（約一・一キロ）で船を駐める。監酒税務が酒五瓶を送り、兵士七・八人を使人とした。出船し、船を曳いて、戌時（二十時）に三十五里（約一九・四キロ）で奔牛堰に到着し、宿泊する。九日には卯時（六時）に堰を越えた。左右に轆轤が五つあり、水牛が左右各々八頭で船を引いたという。辰時（七時）に十八里（約九・九キロ）で蔡《さい》県に至り、暫く船を駐め、同二点

（七時半）に出発、未時（十三時）に五十四里（約三〇キロ）で丹陽県に至り船を駐め、同二点（十三時半）出発、丑時（二時）に七十五里（約四一・五キロ）で潤州の南門に至り、宿泊した。

十日、卯時（六時）に水門が開き、潤州城の蕭閑堂《しょうかんどう》の官舎に入り、休息する。通判と推官に謁し、点茶があったという。管内僧正宣教大師日花と管内副僧正延慶寺賜紫白超が起居状を呈して来会し、普慈院住持伝法沙門慶蒙・甘露院住持伝教比丘応天らも文状を出して来て、法門問答を交わした。辰時（八時）、京口堰《きょうこう》に船を駐め、午時（正午）に小船に乗って、崇班・陳都衙・通事とともに揚子江を渡って金山寺に参詣している。金山寺は女人禁制であるといい、寺内の様子が記されている。寺主が斎を儲けてくれ、「珍膳美菓、善を尽くし極めて妙なり」であったという。申四点（十七時半）に江向亭に渡って休息するが、潮が引いたため船は使えず、知県が馬二疋を送ってくれたので、成尋と崇班は馬に乗って帰還した。成尋は初めて唐馬に乗ったが、日本の馬と変わらず、鞍表で覆鞍骨を敷き覆い、鐙《あぶみ》には金輪を懸けてあると描写している。酉時（十八時）に帰着し、小船と馬の舎人に銭十五文を与えた。この日は潮が引いたままなので、堰を越えずに宿泊している。

十一日には申時（十六時）に左右各七頭の牛で堰を越えた。堰司《えんし》の命によって陸に上り、船が堰を越えるのを見物し、成尋は「最も以て希有なり」と述べている。堰の下の河に船を駐め、宿泊する。十二日は卯時（六時）に出発、水門を出て、一里で揚子江に向かう。「広大なること海の如し」という感想が記されており、数百の船があったという。揚子江を渡る間、潤州から各々兵士二十人、四枝の艫がある船二隻が派遣され、成尋と崇班の船に綱をつけて牽引してくれたので、一時（二時間）ほどで幅三十五里（約一九・四キロ）の揚子江を渡ることができた。巳時（十時）に河口に至ると、利渉亭《りしょう》があり、揚州（江蘇省揚州市）堺内に入った。次いで橋に至り、橋頭には迎湖大泊廟があり、遠くには金山寺が見え、四面の景色はすばらしかった。次いで流州《りゅう》（正しくは瓜州《か》、江蘇省揚州市の南）内に入り、水門に船を駐め、潮が満ちるのを待って関木《げんぼく》（水門を開閉する木材のことか）を開くことになっているらしく、申一点（十五時）に水中の木を曳いて船を入れ、二里（約一・一キロ）で瓜洲堰《かしゅうえん》に到着して宿泊する。

十三日は卯時（六時）に瓜州堰を越えた。左右に牛が各十一頭で船を牽き上げて上河に入る。河の左には五十間《けん》（約九二メートル）の廊があり、間毎に立隔（しきり）があるという運河の構造が描写されている。午時（正午）に楊子鎮江都県に至り船を駐めた。この運河は隋の煬帝《ようだい》が掘ったもので、幅は二丈（約六メートル）余、直流でカーブはないという。未四点（十四時半）に十里（約五・五キロ）で楊州安賢亭に至り、管内僧正伝教賜紫恵礼・管内副僧正寿寧寺住持講経臨壇賜紫惟雅ら十七人の歓迎を受けており、中にはかつて鑑真《がんじん》が住した龍興寺や法進《ほっしん》が住した石塔寺の僧もいた。成尋は下船・上陸して安賢亭に入り、面謁して礼謝している。揚州からは酒八瓶を送ってくれ、また兵士五人を派遣してきたが、一人だけを残して、四人は返した。未二点（十三時半〔?〕）に出発、終夜船を牽《ひ》いてもらい、丑時（二時）に百五里（約五八キロ）で新湖口《しんこう》に至り、宿泊する。

十四日は卯時（六時）に出発、辰時（八時）に邵伯鎮《しょうはくちん》に至り、船を停止した。船の前に幡《はた》を捧げ廝羅《しら》（銅鑼）を打つ伎楽数十人がいたが、これは渡水点の付近で神を祭る人々だという。未時（十四時）に水門二箇所が開き、次に一つの水門を開いて出船、子時（零時）に六十里（約三三・二キロ）で高県に到着した。十五日、卯二点（五時半）に水門の扉を開き、高県に入ったところで、死人の葬を見た。その船の人々は皆白布で頭を埋め裹《つつ》み、女人三人が胸を打って啼泣《ていきゅう》していると描写されており、宋人の習俗の一端を伝えるものである。成尋らは県の官舎の前で船を止め、午時（正午）に出発、子時（零時）に楚州（江蘇省淮安市）宝応県の管内の行賀橋に至り、船を停めた。

楚州から宿州まで

十六日は巳時（九時）に出発、十里（約五・五キロ）で黄蒲鎮《こうほ》に至り船を駐め、同二点（九時半）に出発、戌時（二十時）に八十里（約四四キロ）で楚州の城門に至り宿泊した。十七日には辰時（八時）に鸚鵡《おうむ》を見たという、籠に入れて船に置かれており、大きさは鳩くらい、尾の長さが一尺（約三〇・五センチ）、嘴《くちばし》は赤、足は赤、背の毛は青で、処々に白斑があり、紫毛も交じっていると描写されている。また鹿も見ており、これは日本の鹿と同様で、羊と一緒に船で飼われていた。庄家を見たところ、目と口を覆った驢馬《ろば》二疋を麦粉の石臼に懸けて、そばに人がいなくても、独りで回し牽いている様子であったといい、日常生活の一齣が知られる。巳時（十時）に出発、州城を回り、十里（約五・五キロ）で閘頭《こうとう》に至ったが、(27)潮が満ちないので水閘が開かない。申時（十六時）に登州（山東省蓬莱市）の秀才が陳詠とともに到来し、相人（人相を占う人）とのことなので、成尋の寿命を占ってもらったところ、八十余歳だという。ここには若干のリップサービスがあると思われ、実際には成尋は六十九歳で死去している。(28)戌時（二十時）に潮が満ちて水閘が開き、先に百余隻の船を入れ、一時が経過、亥時（二十二時）に出船したが、第二水門が開かないので、この日は門内にて船中泊した。

十八日は終日閘頭の市の前に滞在し、戌時（二十時）に水閘が開いたので出船、順風を得て帆を上げ、両岸から引き綱で牽かせて船を進めたといい、寅一点（三時）に六十里（約三三・二キロ）で楚州淮陰県新開《わいいんけんしんかい》に至り、船を駐めた。十九日には卯三点（八時）に出発、六十里で申三点（十六時）に閘頭に至る。ここは石梁鎮の内である。戌時（二十時）に閘が開き、出船して淮河《わいが》口に至り宿泊する。二十日は寅時（四時）に出発、淮河に入り、船を牽かせ、未二点（十三時半）に盱眙《くい》県亀山寺《きざんじ》に至る。閣の如き十五重塔があり、頂に羅漢・菩薩が見える。寺の名は先福寺といい、昔に五百羅漢が現れて住していたところであり、詳細は泗州大師行状に記されているという。戌時（二十時）に八十里（約四四・二キロ）で泗州（安徽省滁州市）東淮頭に至り船を停泊した。

二十一日は卯時（五時）に小船で船を牽かせて、同二点（五時半）に小河に入った。河口の南北に二階閣があり、内側に八角の大石を立てて、経典が刻彫してある。額に「度人経」と記してあるが、遠いために何経かはわからない。淮河にはまた浮船六十余隻を並べた浮橋があった。河口から二里（約一・一キロ）で州衙の前に至り停船、午二点（十一時半）には知府が酒三瓶を送ってくれたので、使人に銭三十文を賜与する。同四点（十二時半）には敢えて徒歩で普照王寺に参詣した。当寺は七世紀後半〜八世紀初に水害に苦しむ臨淮地域の民衆救済に尽力した僧伽《そうぎゃ》大師の建立で、日本でも著名な寺院であったためか、寺内の様子が詳細に描写されている。ここでも寺主に泗州大師（僧伽）の入滅から何年たっているか、入滅の月日はいつかを尋ねたところ、知らないと答えた。そこで、硯・筆を借りて、唐の中宗孝和皇帝の景雲元年（七一〇）三月二日に入滅、今年までは三百六十三年と書いてみせたところ、寺主はそれを見て知っているといったといい、宋僧の学識への疑問・狡猾さを述べている。申時（十六時）に船に戻ると、知府が酒五瓶を送ってくれたので、返事を書き、使者に銭四十八文を賜与した。

二十二日は巳時（十時）に陳都監の轎で泗州大師院に参詣し、焼香・礼拝した。途中で多くの人々の賑わい、宝物・食物を売買する様子を見て、「杭州の市の如し」と感想を記している。陳詠が査子（山査子）を持って来てくれた。形は木瓜《もっか》（ぼけ）、味は梨に似ているという。午一点（十一時）には短人《たんじん》を見ており、身長が二尺余くらいであったと記している。午二点（十一時半）に出発、二十二里（約一二・二キロ）で胡口《ここう》に至り宿泊する。二十三日は寅二点（三時半）に出発、河の流れは駛《はや》く、黄濁していて水は飲めそうにない。戌時（二十時）に五十五里（約三〇・四キロ）で下邑県に至り宿泊した。本日は終日船を牽引したが、河の流れが駛く、船が重かったので、一日の行程が進まなかったとあり、運河を遡行する困難さが知られる。二十四日は卯一点（五時）に出発、やはり終日船を牽引し、戌時（二十時）に八十里（約四四・二キロ）で青陽駅に至り宿泊した。

二十五日は寅一点（三時）に出発、辰時（七時）に青陽駅館舎等を見ると、広大なものであったという。同二点（七時半）に梢工の屑福《せっぷく》が醬《ひしお》（ひしおみそ）・薑《はじかみ》（しょうが）・蘿蔔《らふく》（だいこん）を持参したとあり、梢工は日本では梶取と称されるものであると説明している。申時（十六時）に崇班が来船し、点茶、戌時（二十時）に四十二里（約二三キロ）で通海鎮に至り停船、宿泊する。二十六日は寅二点（三時半）に出発、申一点（十五時）に三十八里（約二一キロ）で宿州（安徽省宿州市）虹《こう》県に到着、大橋があった。出船し、戌時（二十時）に七里（約三・九キロ）で店家の前に至りて船を駐め宿泊する。二十七日は寅四点（四時半）に出発、卯三点（八時）には順風を得て飛帆、終日船を馳せらせ、酉四点（十八時半）に七十三里（約四〇・三キロ）で馬頭鎮の大橋の下に至り宿泊した。

二十八日は卯一点（五時）に出発、終日船を牽引し、亥時（二十二時）に四十五里（約二四・八キロ）で静安鎮に至り宿泊した。二十九日は寅三点（四時）に出発、やはり終日船を牽引し、戌時（二十時）に四十五里で宿州に至り宿泊する。三十日は寅二点（三時半）に出発、辰時（八時）に十五里（約八・三キロ）で宿州の艤舟《ぎしゅう》亭を通過したが、知府が酒三瓶を送ってくれたので、使人に銭三十五文を賜与した。知府・通判は本日は逗留してもらい、斎を儲けたいといってくれたが、早く上京しなければならないので、これを謝絶したといい、連日早朝から夜遅くまでかなり強行軍で運河の旅を続けている理由がわかる。巳時（十時）に出発、一里を過ぎるところで、知府が再び酒大一瓶・糖餅五十枚を送ってくれたが、使者が同じ人物だったので、銭は与えなかったとあり、チップの出し方が知られる。戌時（二十時）に四十里（約二二キロ）で寄宅鎮に至り宿泊する。

京師に到着

十月一日は寅三点（四時）に出発、辰時（八時）に崇班には交菓子《まぜがし》（さまざまな菓子）、陳都衙と通事にはそれぞれ酒一提子・糖餅五枚を志送し、水手十六人に酒二瓶・糖餅八枚、梢工には酒一提子・糖餅五枚を賜与したという。「前々の州の酒も皆以て此の如く船々に分志するも、暇無きに依りて委記せず」とあり、成尋が旅の同行者である宋人たちに気配りしていた様子が窺われる。巳時（十時）に蘄《き》澤鎮《たくちん》を通過、未四点（十五時半）に柳子鎮に至ると、大橋があり、申時（十六時）に一里を過ぎて停船・宿泊した。二日は寅三点（四時）に出発、終日船を牽引し、戌時（二十時）に六十里（約三三・一キロ）で亳州《はく》（安徽省亳州市）永城県甫城亭に至り停船する。三日は辰時（八時）に出発、大橋の下からは船を曳くとあり、橋には柱がなく、大きな材木を上に交差させて鉄で結留してあり、宿州以後の橋の構造はこのようなものであったと述べられている。未四点（十五時半）に三十四里（約一八キロ）で鄲陽鎮《さんようちん》に到着、鄲陽市橋という名の大橋があり、三百歩（約四六一メートル）でまた大橋があった。鎮には船を停めず通過、戌時（二十時）に十六里（約八・八キロ）で浦中《ほちゅう》に至り宿泊する。

四日は卯一点（五時）に出発、辰四点（八時半）に十八里（約九・九キロ）で南京（江蘇省南京市）の迎応亭に至り、停船した。大橋があった。巳三点（十時）に出発、順風を得て帆を上げて、合わせて船を曳き、酉時（十八時）に五十二里（約二八・六キロ）で十八里店に至り宿泊する。五日は卯一点（五時）に出発、巳時（十時）に宋州穀熟県を通過すると、県官が兵士十人を送り、船を曳いてくれた。大橋の下を通過し、終日船を曳き、酉一点（十七時）に七十四里（約四一キロ）で南京大橋の南に至り停船、宿泊する。宋州（河南省商丘市）の中に南京の官があり、官人の名は楊侍読《ようじどく》であった。ここで運河の状態を総括し、南京から東京までは三百二十里（約一一七キロ）で、越州から楚州までの八州の運河は流れがない状況で、河岸には揚柳が殖生されており、泗州から東京までは流れが駛《はや》くなっていて、河岸には楡樹が殖生されていると記述している。大橋の上と店家には沢山の大きな燈爐があり、伎楽の声も遠くから聞こえて来るといい、南京の繁栄ぶりが窺われる。

六日は辰時（八時）に船を曳いて橋の下から店家を通過したが、売買は記し尽くせないほどで、活気のある様子が看取される。二里（約一・一キロ）を進み、次の大橋の外で停船、梢工の屑福は積載した干薑《ほしはじかみ》五十石（約三・三キロリットル）ほどを市頭に荷上げしたとあり、宿州でも三十石（約二キロリットル）ほどを荷上げしており、旅程の折々に自分の商売もするという形で成尋に随行していることがわかる。巳時（十時）に大河亭、次いで六百歩（約九九二メートル）で望雲亭を通過するが、河中に損沈船があり、これは運河の流れが駛いためで、損船を二十余隻も見たという。八月四日に台州を進発してから六十二日で南京に到着したとして、これまでの旅程数が総括されている。酉三点（十八時）に三十五里（約一九・二五キロ）で宋州葛《かつ》駅に至り停船、宿泊した。

　七日は卯一点（五時）に出発、巳時（十時）に宋州府に至ると、大橋があり、河辺には寧陵県駅があった。船を曳き一里で停船、崇班の轎に乗って一町半（約一六八メートル）ほどで象の厩に行き、象を見物したといい、象の描写、曲芸と銭の賜与の様子などが詳述されていて、興味深い。この象は広南（南越の李朝）大王が戦闘のために飼育していたもので、北宋が広南を破った後はここで養育しているとある。象は毛がなく、膚の色は日本の黒牛のようで、毛が落ちた時は色は鈍色《にびいろ》、牡《おす》象の陰蔵の形は馬のようで、牝《めす》象の乳は猪に似ていると記されている。酉二点（十七時半）に府中に至り、船を駐めて宿泊した。

　八日は卯一点（五時）に出発、七里（約三・九キロ）で辰一点（七時）に東京宋州襄邑《じょうゆう》県の鵠舟《かっしゅう》亭に至り、停船、大橋があり、売買の店家の繁昌ぶりは今までの県とは異なると記されており、都に近づくにつれて、都市繁栄の規模が大きくなることを窺わせる。崇班が饅頭二十丸を志送してくれたので、成尋は船の人々、梢工・水手などに分与している。辰三点（八時）に出発、七十三里（約四〇・三キロ）で酉二点（十七時半）に府中に至り、船を駐め宿泊する。九日は卯一点（五時）に船を牽引し、八里（約四・四キロ）で東京汴《べん》州雍丘県に至り、停船、大橋がある。崇班の女子がこの県の官人と結婚しており、夫妻が馬で到来したので、この日は当地に逗留する。午一点（十一時）に陳都衙が借銭十貫、通事陳詠が十貫、梢工屑福が三貫を返納しに来たといい、都が近づいたので、成尋からの借財を精算したのである。

十日は辰二点（七時半）に出発、終日船を曳き、酉時（十八時）に八十里（約四四キロ）で東京陳留県に至り宿泊する。大橋があり、洛陽城（首都開封）まではあと四十五里（約二四・八キロ）という。そして、十一日、卯一点（五時）に出発、申一点（十五時）に三十八里（約二一キロ）で鏁頭《さとう》に到着、洛陽城まではあと七里（約三・九キロ）で、崇班が来船し、喫茶している。兵士十人が連署して銭三百文を借りに来たが、成尋は文書を返して、銭を志与したという。国清寺を出発してから六十五日、ついに開封（河南省開封市）に到着した。

四　皇帝との謁見と開封滞在

（延久四年〔一〇七二＝宋・熙寧五〕十月十一日〜十月三十日）

伝法院に滞在

十月十一日、成尋らはついに開封に到着した。この日から十一月一日に五臺山参詣に出発するまで、開封に滞在し、皇帝と面見したり、城中の諸寺を巡拝したりする日々になる。崇班は成尋が皇帝に進上する念珠五串と銀香爐について、台州奏状に色目（目録）が記されているので、別の解文を奉るべきではないと注意したという。成尋は念珠・香爐を進呈する意味を理解してもらうには説明が必要と考えており、顕密法門六百余巻目録と表文を進上し、表文の中で天台宗の開祖智顗《ちぎ》がまだ晋王楊広と称した隋の煬帝《ようだい》に蓮華香爐と水精念珠を献上した故事を記し、皇帝の万歳を祈り奉るのであると述べている。天台僧としての自己顕示欲を表す成尋の熱意であるが、実は香爐と如意は晋王が智顗に布施したもので（『国清百録』巻三「遺書与晋王」）、ここには成尋の誤解があるらしい(29)。

十二日にはまだ宣旨が下っていなかったが、辰時（八時）に出発、一里（約一・一キロ）で開封県の水門の問官の前に至り停船、巳時（十時）に崇班の甥が来て、点茶した。午時（正午）に官人が来る。梢工の屑福は売物をうず高く積み上げて官人に見せたが、成尋の船に対する査察が緩いことを承知しており、豆蔲《ずく》（薬用の

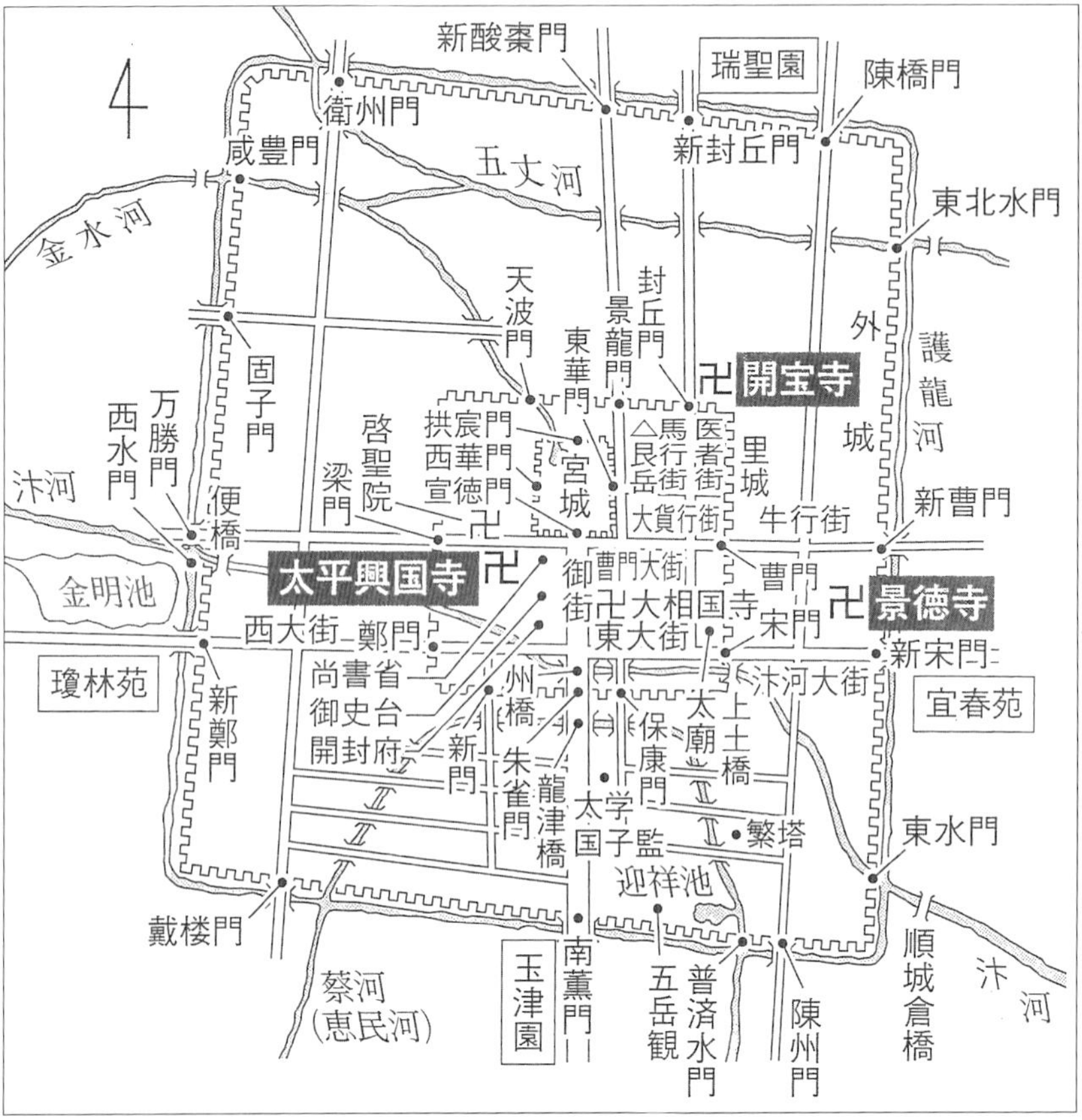

図 14　宋代開封概略図

(『史料纂集　参天台五臺山記』第二〔八木書店、2023 年〕342 頁)

草）など商品価値の高いものは船内に隠しており、査問を免れたといい、成尋は見て見ぬふりをして、旅中の梢工の労苦に報いようとしている。午時（正午）に出発、未時（十四時）に開封県の下土橋《かど》で停船、橋の上から牛が牽く車の通行する様子を見ていると、日本の車に似ているものの、屋形の前後・左右に四柱があり、窓蓋用の柱があるという違いを記している。申時（十六時）に船を曳き、三里（約一・六六キロ）で七間の高楼、三戸がある麗景門《れいけいもん》を見た。一里で相国寺《そうこくじ》の前の延安橋の下で停船する。原文では「侍中一人来船」とあり、「侍中《じちゅう》」は中国史では宰相クラスを意味するので、どうしても不審がられるが、(30)日本では天皇の秘書官である蔵人《くろうど》の唐名《とうみょう》（中国風の官名呼称）であり、皇帝の使人の意である。「侍中」は「黄門《こうもん》（宦官《かんがん》）にして女声なり」とあり、宦官であった。

十三日には早朝に太平興国寺《たいへいこうこくじ》伝法院《でんぽういん》から告送があり、既に八月四日に伝法院を成尋らの安下処にする宣旨が下っているので、早く入来して欲しいとのことであった。巳時（十時）に成尋と頼縁・快宗は乗馬、他の五人は徒歩、船の兵士十四人に法門・雑物・銭を運ばせる。銭の残額は百四十六貫ある。宣旨では計八百貫が支給される筈であったが、残金があったので、越州・杭州・揚州の各二百貫は請け取らなかったといい、結局のところ成尋は最初の二百貫のみを受納し、それでもこれだけの残額があった次第である。成尋の金銭に拘泥《こうでい》しない鷹揚なところを窺わせるが、これから様々な場面で要求されるチップにはかなり不満を記しており、金銭への貪欲を嫌う気持ちがわかる。崇班も伝法院まで見送りのため乗馬で同行、陳都衙と通事陳詠も随行した。伝法院では少卿《しょうけい》（副寺主）が出迎えてくれ、成尋と五人の弟子は同宿、三間の大房である中門の西の僧房を安下処とし、頼縁・快宗は中門の東の一間小房に宿したといい、一行の中での関係性をかいまみることができる。少卿が斎を準備してくれたが、船で食事を済ませていたので、食べなかったとあり、このあたりにも成尋の貪欲とは疎遠な態度、自戒堅持の姿が看取される。

午時（正午）に勅使の御薬《ぎょやく》（御薬は官名）が来訪、通事を介して色々と問答を交わす。伝法院での成尋ら八人と通事の日々の食事については、客省に伝達済みであるといい、成尋は賓待の見事さに感服している。崇班は残額の銭について、成尋らが自由に使用してよい旨を告げ、また伝法院の安下費用に充当しないのは極めて珍しいことであるといい、成尋らが厚遇されていることが窺われる。御薬が成尋の阿闍梨官符を見たいといったので、取り出して見せるとともに、伝法院の賜紫僧が皇帝の御覧に供するために書写している。御薬に法門目録を付託し、御薬は申時（十六時）に帰去・参内した。五部道具と皇太后宮御経（皇太后藤原寛子から付託された後冷泉天皇宸筆の経巻）はただ見ただけで、詳細は上奏するのであろうと推測されている。御薬は皇帝に進奉する香爐・念珠なども見ている。

院の大卿《だいけい》（寺主）が自房に戻ってきたので、崇班とともに参向する。大卿は中天竺の人、年は五十六で、西天竺を出発して三年で宋に来朝、既に二十五年が経過している。名は日称三蔵といい、肌の色は黒く、墨の如きであると記されている。この日は崇班も伝法院の別房に宿泊、陳都衙は船に戻り、通事陳詠は成尋と同宿した。酉時（十八時）に御薬が宣旨により羊毛畳十枚、青色に染め、長さ六尺（約一・八メートル）、広さ三尺五寸、厚さ一寸のものを送付してきた。成尋ら八人と通事の分、計九枚を取り、残り一枚は典座《てんぞ》（食事を掌る役僧）が取ったという。

十四日には辰一点（七時）に勅使御薬が来て、筆談で銅壇具・画功徳（描画した図像）・太皇太后御経・長髪

（皇太后宮亮《すけ》藤原師信《もろのぶ》が託した亡妻の遺髪）、そして阿闍梨官符の正文の進上を求めたので、それらを付託する。進呈の際のリストが掲げられており、成尋は三井寺（園城寺）の慶耀《けいよう》や百光房《ひゃっこうぼう》律師（慶暹《けいせん》。慶耀の師）などの関係品を将来していたことがわかる。それらは伝法院の僧たちにも披露され、称賛を得ており、天竺人の大卿も慶耀の梵字に感嘆したといい、日本仏教の優秀さを誇示するとともに、成尋の自意識を満たすものであった。阿闍梨官符からはまた、成尋の経歴が知られる。成尋は文慶《もんきょう》の入室弟子、入道兵部卿親王（悟円法親王。村上天皇の子致平《むねひら》親王）、行円《ぎょうえん》（園城寺僧。源国挙《くにひら》の子国輔《くにすけ》）などから密教の秘法を学んだと記されており、天喜二年（一〇五四）十二月二十六日に阿闍梨伝灯大法師位に補任されたことがわかる。

その他、最初の入宋僧である奝然《ちょうねん》の『奝然日記』四巻、慈覚大師円仁の『入唐求法巡礼行記』のうちの三巻を進上しており、日本人の唐・宋への旅行記を携えていたことがわかるとともに、それらを捧呈し、日本情報を伝達している。但し、『入唐求法巡行記』巻四は会昌《かいしょう》の廃仏のことが記されているので、隠蔵して進上しなかったといい、情報規制も心得ていた。また御薬からは日本に関するいくつかの質問があり、応答しているが、さらに詳細な問答は十五日条に記されているので、全体の説明はそちらで述べることにし、ここではそれと対照する形で番号を付して、問答を掲げておく。

⑨問われて云く、「日本自来なにゆえ中国に通じて入唐進奉せざるはなんぞや」。答えて云く、「滄波《そうは》万里、人皆固辞す、これに因りて久しく絶ゆるなり」。

⑯また問わる、「即ち今の国主の姓はなに」。答う、「日本国主は本より姓无し。名有るの由を聞くと雖《いえど》も、庶人はこれを知らず」。

⑩また問いて云く、「日本近上官人員はなにと呼ぶか、多少来有り」。答う、「太政大臣兼関白従一位藤原某」と。乃ち参議に至りて位階姓名、員に依りて書きて進め了んぬ。

なお、この日には伝法院の僧たち、また当時進行していた訳経《やっきょう》に従事している僧侶などの情報を得ているので、一括して示しておく。これは隣房の人で、以後も交流を深める大文字の上手である定照《じょうしょう》が書写してくれたものである。大卿宣梵《せんぼん》大師日称（西天訳経三蔵）、少卿宣秘大師恵賢《えけん》（訳経）、三蔵梵才大師恵詢《えじゅん》（訳経）、文恵《ぶんえ》（慧）大師智普《ちふ》（訳経証義文章）、慈済大師賜智孜《ちし》（訳経証義講経論）、西天広梵大師天吉祥《てんきっしょう》（訳経証義）、梵恵大師師遠《しおん》（訳経正梵学）、広智大師恵琢《えたく》（訳経正梵学）、崇梵大師明遠《みょうおん》（訳経筆受）、定照（訳経筆受）、以上が伝法院の人々、開宝寺の文鑑大師用寧（訳経証義兼綴文）、報恩寺の澄鑑大師賜紫文素（訳経証義兼綴文）、開宝寺の宣密大師顕静（訳経証義）、寿聖院の慈雲大師清振（訳経証義）、景徳寺の実恵大師可熙《かき》（訳経証義講経論）・明義大師清衍《せいえん》（訳経証義講経論）、報恩寺の文正（訳経証義講経論）、慈教寺の清梵大師智宝（訳経筆受）、大相国寺の宗梵大師恵海（訳経正梵学）などは現在訳席にいる人々であるという。また近年の物故者としては伝梵大師法護、光梵大師惟浄《いじょう》の名が挙げられている。訳経の様子は後述の巻七熙寧六年三月二十八日条〔397〕に描写されているので、その際に触れたいが、貝葉《ばいよう》に記された梵文から漢訳を作り上げるにはいくつもの役割分担が必要であり、原典からの翻訳事業を行わず、専ら漢訳仏典を受容していた日本では見られない光景となる。

ちなみに、天吉祥は中天竺人、伝法院に到来して二十二年といい、その他、伝法院の典座として道晃《どうこう》・可道《かどう》の名が知られる。十三日条に登場し、日本僧たちが会ったのは可道であった。

申時（十六時）に朝廷から仏像・道具・梵字などが返却され、感嘆した旨が告げられた。『法花持験日記』

七巻は留め置かれた(31)。戌時（二十時）に（定照がヵ）銀器に栗・松子（松の実）を盛って持参してくれ、成尋以外の人々の分も用意してくれていたが、非時食は停止したとある。巻六熙寧六年二月十三日条〔353〕では、成尋が咳病になって、三蔵（恵詢）が非時食を送ってくれた際に、「本《もと》より非時を用いず」と説明して、これを謝絶しており、成尋の自己規制の厳格さが窺われる。

日本情報の伝達

十五日は毎月の朔日と十五日は「定礼法」、互いに挨拶を交わす日ということで、三蔵、大卿、少卿らの房で点茶があった。午時（正午）に三蔵から来請《らいしょう》（招待）があり、房に行くと、皇帝が日本について質問した文書を見せられており、その問答は次の通りである(32)。

①日本の風俗は。答う、文武の道を学ぶこと唐朝を以て基と為す。

②一問、京内の里数多少は。答う、九条三十八里なり。四里を以て一条と為し、三十六里、一条北辺二里なり。

③一問、京内の人屋の数多少は。答う、二十万家なり。西京・南京は定数多々なるを知らざるなり。

④一問、人戸の多少は。答う、幾億万なるかを知らず。

⑤一問、本国の四至、北界は。答う、東西七千七百里、南北五千里なり。

⑥一問、国郡邑の多少は。答う、州六十八、郡九百八十有り。

⑦一問、本国の王はなにと呼ぶか。答う、或いは皇帝と称し、或いは聖主と号す。

⑧一問、百姓の号有りや。答う、百姓の号有り。藤原・源・平・橘等を以て高姓と為す。其の余の百姓は委記するに遑《いとま》あらず。

⑨一問、本国明《めい》州を相去ること至近、何に因りてか中国に通ぜず。答う、本国明州の海沿を相去るの間は幾里数なるを知らず、或いは云く七千余里、或いは云く五千里、波高くして泊《とまり》无ければ、中国に通じ難し。

⑩一問、本国の貴官には、是、何の名目有りや。答う、大政大臣一人、左大臣一人、右大臣一人、内大臣一人、大納言四人、中納言六人、参議八人、是を上卿《しょうけい》と名づく。

⑪一問、本国の世系は三蔵云く、神代・人代を世系と名づくと。答う、本国の世系は七代、第一は国常立尊《くにのとこたちのみこと》。第二は伊《い》弉《ざ》諾《なぎ》・伊《い》弉《ざ》冊《なみ》尊。第三は大日霊貴《おおひるめのむち》、またの名は天照大神《あまてらすおおみかみ》、日天子にして始めて生れて帝王と為《な》り、後に高天に登りて天下を照らす、故に大日本国と名づく。第四は正勝尊《まさかちのみこと》。第五は彦尊《ひこのみこと》。治三十一万八千五百四十二年、前王の太子なり。第六は彦火火出見尊《ひこほほでみのみこと》。治六十三万七千八百九十二年、前王の第二子なり。第七は彦瀲尊《ひこなぎさのみこと》。治八十三万六千四十二年。次いで人代。第一は神武天皇。治八十七年、前王の第四子なり。第七十一代今上国主。皆神氏を承く。

⑫一問、本国四時寒暑は中国と同じか同じからざるか。答う、本国四時寒暑は中国と同じ。

⑬一問、明州より日本国に至る、先ず何の州郡に到るか、国王の都する所と近遠はいかが。答う、明州より日本国大宰府筑前国博多津に至る、津より国王の都する所を去ること二千七百里なり。

⑭一問、本国、漢地に要用するは、是、何の物貨か。答う、本国が漢地に要用するは、香・薬・茶垸《ちゃわん》・

錦・蘇芳《すおう》等なり。

⑮一問、本国は、是、何の禽獣有りや。答う、本国は師子・象・虎・羊・孔雀・鸚鵡等无し、余の類《たぐい》は皆有り。

⑯一問、本国の王の姓氏は。答う、本国の王は姓無し。

⑰一問、本国、毛国《もうこく》を去ること近遠は。答う、毛国を去る近遠は知らず。

宋代の日本情報の伝達としては、『宋史』日本国伝の奝然の事例が著名であるが、成尋もそれに優るとも劣らない詳細な情報を伝えている。奝然や寂照に諮問された日本情報伝達の内容（『参記』巻五熙寧五年十二月二十九日条所引『楊文公談苑《ようぶんこうだんえん》』）を整理すると、（イ）国王に関する事柄（姓、歴代、現国王の年齢など）、（ロ）群臣の数・登用のあり方、（ハ）宗教、（ニ）書物の存在、書法、（ホ）農耕に関する事柄、（ヘ）交易の様子、（ト）畜類のあり方、（チ）産業・特産品、（リ）音楽、（ヌ）気候、（ル）毛人国、（ヲ）日本の地理などの項目を挙げることができ、成尋に対する質問事項も概ねこの範囲であるが、上掲十四日条の問答と合わせて、宋側の関心の所在や日本側の情報開示の姿勢などを若干検討しておきたい。

まず①は中国との文化的通有を示したものである。（ニ）の項目などにも、中国が日本を中国文化と共通する基盤を持っていると見なしていたことが窺われる。次に②～④は日本の首都に関する情報である。②の「九条三十八里」という答えは、九条×四坊＝三十六里＋北辺坊二里＝三十八里という計算であり、平安京のうちの左京域のみを示したものということになる。左京＝東京に対して、②の西京が右京、南京は南都《なんと》＝奈良を指したものと解することができ、平安京の中の左京のみを条坊で数えたのは、『本朝文粋《ほんちょうもんずい》』巻十二天元五年（九八二）十月慶滋保胤《よししげのやすたね》「池亭記《ちていき》」でも指摘されていた右京衰退の実情をふまえたものと見なされる。

とすると、③の京の家屋を二十万、④の人口（これは日本全体に関する質問かもしれないが、やはり③に続いて京内について尋ねたものと思われる）を「幾億万なるかを知らず」と述べるのは誇張があると考えられる。この点は⑤・⑥の日本の国土や地方行政区画に関する事柄にも該当し、国土の面積については両唐書の「東西南北、各々数千里」に対して正確な数値を示し、六十八州（国）も奝然の情報と合致しているが、奝然の情報では管郡数は五八九、『和名抄《わみょうしょう》』では五九一となるところを九八〇郡と述べているのは、誇張、または書写の際の誤りなどを想定すべきであろう。

⑦・⑧は日本の国王の称号や人民の姓に言及したもので、国王の姓に関しては⑯で尋ねられている。人民の姓については、『隋書』百済伝には八つの大姓が記されており、中国王朝はこうした姓の存在に無関心ではなかったようである。『宋史』日本国伝によると、奝然は藤原氏を名乗っていることが知られ、⑧の四姓の存在の明示に至るのであろう。

この姓に関連して、⑯の天皇の姓の問題に触れておくと、この点は天台県での問答にも出て来ており（巻一熙寧五年五月二十日条〔065〕）、中国側の一つの関心事であったが、成尋の返答はすべて同じであった。但し、姓がないということは中国側には理解し難い事柄であり、『冊府元亀《さっぷげんき》』巻九五九外臣部一風土には「其の王は阿《あ》母《め》氏」という『隋書』に依拠した見解、『宋史』日本国伝でも奝然が齎した「国王は王を以て姓と為す」という情報を掲載している。

⑨は日本が宋に頻繁に入貢しない理由を問われたものである。この点については唐代に問題にされた形跡

がなく、日本が公的通交関係を結ばなかった宋代になって、公式の入貢がないことが問題になったのであろう。奝然の弟子嘉因《かいん》が入宋した際に託された奝然の上表文では、中国との遠隔さが強調されており、⑨でも日中間の距離の遠隔なことや途中に寄港すべき場所がないことを訴えねばならないことになる。

この中国との距離感については、『弘仁私記序』分註に「日本国は大唐より東に去ること万余里」と記されており、日本側の観念にもなっていたことが窺われるが、一方で『参記』巻一熙寧五年三月二十五日条〔011〕には空海の入唐記録を参考にしたものか、割書で「弘法大師云く、海路の間、三千里にして蘇州に至る」と見え、本文にも「日本国より大唐蘇州に至る三千里」と述べられているから、成尋のような渡宋者には正確な距離が認識されていた筈である。また日宋間を実際に往来する宋商人にも海路の正確な知識が存したであろう。

中国との遠距離を強調することは、⑬の明州から日本に向かう時に最初に到着する日本側の場所と、そこから都までの距離を尋ねた問いに対する回答にも見られる。明州には市舶司が置かれており、宋の対日窓口としての役割があった。⑨では明州からの距離が不明である旨を答えているが、この⑬では成尋は博多津から都までを二七〇〇里と答えている。しかし、『延喜式』巻二十四主計上では「大宰府行程、上廿七日、下十四日、海路卅日」とあり、大宰府から都までは陸路・海路いずれも約一ヶ月であった（「上」は荷物を運ぶ上り、「下」は荷物のない下り）。里数がわかる事例を探すと、同書巻二十九刑部省で近流として挙げられる安芸国が都から四九〇里で、主計上式では「安芸国行程、上十四日、下七日、海路十八日」と記されており、瀬戸内海交通では約半分の距離であったから、大宰府から都まではせいぜい一〇〇〇里くらいとなる。それを二七〇〇里というのはかなり誇張された数値ということになろう。

ちなみに、宋代の一尺は三〇・五センチメートル、一里は三六〇歩（一歩＝五尺）・一八〇丈（一丈＝一〇尺）で、約五五二メートルである。日本の度量衡では一里は約六四八メートルとやや長いが、宋制で約一四九〇キロメートル、日本制で約一七五〇キロメートルになり、いずれにしても数値は実数とはいえない。なお、『海東諸国記《かいとうしょこくき》』（朝鮮王朝の対日外交手引書。申舟叔《しんしゅうしゅく》撰、一四七一年成立）の「道路里数」によると、博多から王城までは一八八〜二〇四里で、この場合の換算（一里は約三九二七メートル）は約七四〇〜八〇〇キロメートルである。ちなみに、現在のＪＲ線では京都―博多間は約六六〇キロメートルである。

要するに、⑨・⑬では日本と宋の遠隔さを強調した回答になっており、⑨の宋への入貢の少なさの原因として、宋と正式の外交関係を結ぶつもりがない日本側としては、距離や航海の困難さなどの物理的条件を掲げておくことで軋轢の少ない返答を示したものと位置づけることができる。

その他、⑪の神武以前の三代の治世数は『日本書紀』神武即位前紀の「一百七十九万二千七十余歳」という数字が、「中世日本紀」では「百七十九万二千四百七十六年」と正確に計算されているのと合致しており（『倭姫命世紀《やまとひめみことせいき》』『帝王編年記《ていおうへんねんき》』など）、そうした先駆的史料として重要であることも留意される。⑪ではまた、始祖神を『日本書紀』の国常立尊とするが、奝然の「王年代紀」では『古事記』『古語拾遺』などの天御《あめのみ》中《なか》主《ぬし》を挙げており、「中世日本紀」では天御中主が重視されていくという過渡性も見受けられる。

⑭では宋側が日本が中国にどのような物品を求めていたかについて情報聴取を行っており、これは日本側の希求品例（『小右記《しょうゆうき》』長元二年三月二日条、『新猿楽記《しんさるがくき》』八郎真《ま》人《ひと》条、『徒然草《つれづれぐさ》』第一二〇段「唐物《からもの》は、薬の外はみななく

とも事欠くまじ」など）との照合を行う上で貴重な史料になる。⑮の日本の動物相に関しては、歴代東夷伝では次第に関心が低下していたのが、ここで詳細になっていることなど、興味深い点が多々あるが、指摘のみに留める。⑰は両唐書にも登場する毛人国（蝦夷《えみし》）に関するものであるが、成尋の時代には征夷事業は終了しており（前九年・後三年合戦はある）、またあまり知識がなかったのか、明確な回答にはなっていない。

未時（十三時）に御薬が来て、以上の問答については伝法院の書生に預けて清書させてから進奉すべきであるといった。また中国では郡は州のことなので、⑥の「郡九百八十有り」は「小州」とする方がよいと忠告してくれた。未二点（十三時半）に梵才三蔵の房より来請があり、点茶している。

朝見までの日々

十六日には巳時（十時）の斎に定照大師が珍菜・飯・汁などを持参してくれ、成尋は「最も慇懃の人と云うべし」と評している。午時（正午）に将来目録を持って定照のところに行き、点茶した。未時（十四時）に御薬が来坐、前日の問答の清書を持ち帰る。院書生に三百文を与えたが、書生たちは感喜するところが少なかったと記されており、以後の様々な文書作成・提出では一貫文くらいを付与するのが「相場」になっていることから考えると、書生には不満な金額であったと思われ、成尋が書生の貪欲さに気分を害する場面が散見することになる。崇班はまだ伝法院に滞在していたのか、来坐して点茶したという。戌時（二十時）には成尋が文殊供を修し、少卿・三蔵が来坐し、これを聞き、また法華法壇を送る旨の約束がなされた。文慧大師（智普）の房に参向し、点茶したといい、伝法院の諸僧と交流を深めている様子が窺われる。

十七日は辰時（八時）に少卿・三蔵と定照が法華法壇を持って来てくれたので、房の井戸辺で洗い、壇を設営する。三蔵が御薬の指示を伝えて、成尋の弟子たちのために防寒用の衣被を購入すべきこと、その代金は旅中の残金の中から支払うべきことなどを告げた。成尋はこれは皇帝の意向ではないかと推測している。巳時（十時）に官人に銭三十九貫八百五十文を支払って、絹・紬《つむぎ》を購入してもらう。午時（正午）に客省官人が来て、朝見の希望日を尋ねたので、成尋は日ならずして朝見し、五臺山に参詣したい旨を答えている。官人は成尋に申文《もうしぶみ》を進上するようにと告げたので、奏状案を作成し、院書生に預ける。文慧大師が来向した。三蔵の筆言によると、内・外の学に通じた人であるという。戌時（二十時）に文殊供を修すと、院内の人々が多く来訪し策聞した。

十八日には辰一点（七時）に院書生が申文の案文《あんもん》を持参し、成尋の自書で進上するのがよいと告げたので、自書して預ける。巳時（十時）の斎に典座可道《てんぞかどう》と定照が珍菜や汁・菜を送ってくれた。午時（正午）に景徳寺の澄鑑《ちょうかん》大師法瑩《ほうえい》・文鑑大師用寧と開宝寺の神恵大師方諫《ほうかん》（最近出家した人で、殿直官《でんちょくかん》を与えられていたが、宦官に甘んぜず、僧となることを希望したという）が成尋と相見するために来訪したので、参会する。梵才三蔵の指示で慶耀の『梵字不動』などを見せたところ、梵・漢両字ともに美しいと称されたので、慶耀の名が中国でも認められたことを誇る旨が記されている。次いで成尋の房において法華壇場を見せたところ、随喜讃嘆されたという。申時（十六時）に院書生三人が来て、「例給」（文書清書などに対する慣例の給付）を要求したので、各々に銭一貫の与えた。通事が銭が無いので錦綾小衣を買えないと愁歎《しゅうたん》するので、銭一貫を与える。万事がカネカネの日々である。

十九日には巳時（十時）の斎に普正大師と定照が羹物《あつもの》（野菜を混ぜて煮たもの）・菜を送ってくれた。本日は梵才三蔵が銭六十貫で一万人の温室供養と斎を催すので、諸寺・諸院の大師が温室に向かう次いでに、成尋の法華法壇をぞろぞろと見に来たという。未時（十四時）に文慧大師（智普）の房に行く。彼は六十三歳で、自画影像があり、自身無常の由の詩が注されていた。成尋が退帰する際には成尋の房まで送ってくれ、また数刻後に白衣《びゃくえ》観音像一鋪を持参して、壁の上に懸けて退帰したという。酉時（十八時）、広斉《こうさい》大師が来て点茶し、法華法壇を拝した。院書生の筆頭者が来て、院牒と成尋の奏状を客省に提出した旨を告げ、三人の書生が客省に行ったといい、密かに手間賃として銭二貫を乞うので、賜与している。浴堂からは成尋への来請が頻りに届くが、朝見以前には他行しないという説があるので、浴室には行かなかった。大卿の房に行き、梵語について質問したいと思ったが、大卿は銭二万貫で他処において大塔を建造中で、この二・三日は房に戻っていないとのことで、成尋は目的を遂げることができなかった。大卿は不在がちで、成尋らとの交流は少なかった。

二十日は巳時（十時）の斎に文慧大師と定照から送付があった。崇班が来向したので、喫茶させる。斎の後に定照から来請があり、点茶する。温州（浙江省温州市）鴈蕩山《がんとうざん》の僧二人が来会した。午時（正午）に文慧大師が銀茶器・銀花盤を持参したので、成尋らは喫茶した。成尋は文慧大師を「最も慇懃の人と云うべし」と評している。綿百五両が到来したので（十七日条の防寒用の購入品の続きか）、直銭八貫四百文を支払う。温州の僧と定照が来て、法華法壇と顕密法門等を礼拝する。梵才三蔵の房に行き、成尋撰の『阿弥陀大呪句義』を貸した。申時（十六時）に梵才三蔵が『阿弥陀大呪句義』を自ら返しに来て、次いで文慧大師がそれを借りて、酉時（十八時）に返却してきたといい、両人ともに随喜感歓であった。伝法院は本名を訳経院といい、住僧五十人・行者七十人で、皇帝が毎日斎料、夏冬衣服、炭・油等を充行しており、他寺にはそうしたことはしないという情報が記されている。戌時（二十時）に院の孔目官《こうもくかん》（胥吏《しょり》の一つで、「一孔一目」すべての事柄に携わる役柄）が来て、二十二日に朝見が決まったと告げた。

二十一日には午時（正午）に院司書生が客省宛の伝法院牒を持参し、次いで成尋の請文《うけぶみ》案を持ってきた。未時（十四時）に文慧大師が来て、『輔教編《ほきょうへん》』三巻を借してくれた。本日には翌日の朝見に関わる通達が届き、朝見の手順などが伝えられている。閤門の儀制には、「あらゆる海外進奉蛮子・蕃客等の朝見有る毎《ごと》に、劄《とう》子《し》と朝見の目とを具《つぶさ》にす。進奉人の姓名已下を問奏し、賜る所の衣を着し、及び酒食を賜るの後、例に依りて崇政《すうせい》殿において公事無きを報じ前《すす》みて再拝し出づ〈如《も》し散分物及び酒食未《いま》だ了らず、皇帝崇政殿より已《すで》に起《た》たば、次日に引き出す〉。当殿に引きて酒食を賜ると喝《かつ》す。拝と喝さば再拝す。拝するに随いて万歳す。各々祗候《しこう》の酒食畢《おわ》れりと喝し、拝と喝さば再拝す。拝に随いて万歳す。各々祗候出と喝す」とあり、聖旨には「本征進奉人の例に依りて、後殿引見門にて斎食《さいじき》を賜る。閤門祗候を差し伴候《ばんこう》到せよ」と指示されているという。また「蕃夷朝貢条貫内一項」によると、「進奉の人、皇城に入るは、並びに訳語の官（通訳）をして預《あらかじ》め先行して告報せしめ、頭刃を将帯し懐《ふところ》に文字（文書）を挟むことを得ざれ」とあるので、この旨を通事陳詠に伝えて、成尋らが刃物を持ち込んだり、皇帝への願いごとを記した文書を懐中に挟んだりしないようにと注意されている。

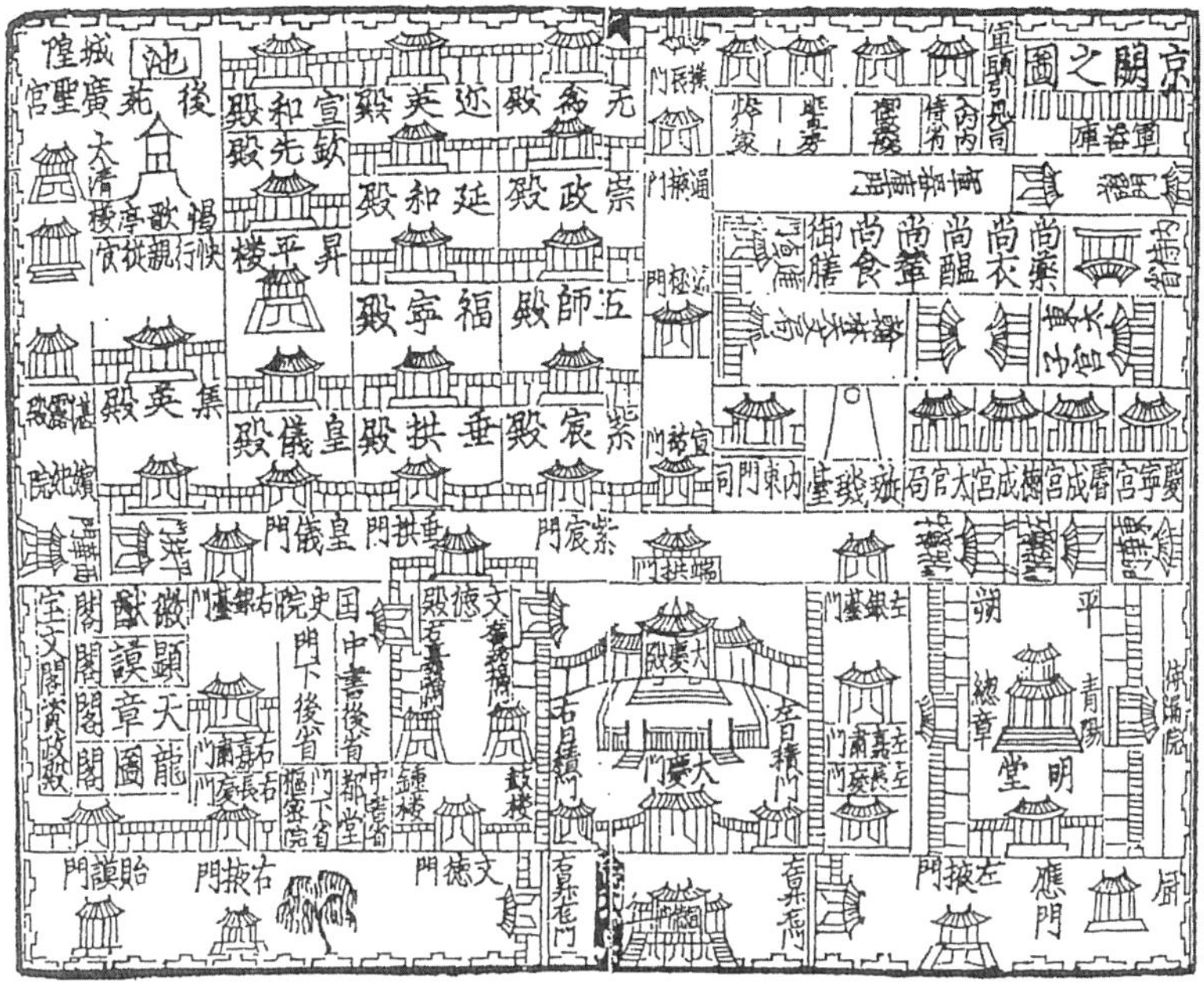

図 15　開封宮城の建物配置
（平凡社東洋文庫『東京夢華録』より転載）

皇帝との面見

二十二日は皇帝との面見の日である。[33] 寅時（四時）に二時の行法を終え、卯一点（五時）に馬九疋を借りて参内する。まず一大門に入り、廊のところで下馬、安下処があって、幕を懸けており、ここで暫く逗留する。客省官人が第二門に引き入れてくれる間、乗馬の人数百が門に入っており、昇殿拝礼の人であるという。次いで第三大門に入り、数里を経て東華門に入り、南廊にて安下、幕・簾を懸けて倚子が並べてあり、ここで饗膳が備えられる間、数千人が来見した。

辰二点（七時半）に客省官人二人が来て、御前での万歳の作法を教えてくれる。辰三点（八時）に客省官人と通事を先頭に第四門に入った。ここが朝見の場で、漸く庭に出て拝人二人の様子を見ると、舞倒し三拝、次いで三拝、次に三拝、東方の一人が引声して万歳と呼ぶと、それに随って各々三拝するという手順になっていることがわかる。拝礼している人々は赤い衫《さん》(ひとえの短い衣)を着しているので、諸州の通判クラスかと推測している。皇帝は延和殿にて北面、背後の左右に数百人が列立し、中には胡籙《ころく》(矢をいれて背負う武具)を背負った人が数十人いる。皇帝は銀倚子に坐し銀床を踏み、赤衫衣を着ていた。

日本人の一行、成尋・頼縁・快宗・聖秀・惟観・心賢・善久・長明は庭中に列立、庭中には数百人がおり、御前を上位として左右に列立していると描写され、多くの人々とともに朝見したことがわかる。次いで成尋らは庭中に出て、北面している皇帝に対して南向きで対面、西を上位として八人が列立する。次いで引声して「引見」と呼び、通事が進み出て敬屈し、「聖躬《せいきゅう》 万宝《ばんぽう》」(天子の御身は万物の宝)と呼ぶ。次いで成尋らが低頭して「万々歳」と呼んだ。次に引声して「例物を賜え」と呼ぶと、西方から成尋らの前を経て東方へ、賜物となる衣絹などが担ぎ渡されたので、成尋らは先程と同様に、「万々歳」と呼んだ。次に引声して「却《しりぞ》け」と呼び、成尋らは「万々歳」と呼んでいる。次に勅使御薬が御前から来て、京中の諸寺に参詣・焼香すべきことを告げられ、また他の勅使が五臺山に参詣すべきことを仰せられたので、五臺山行きが承認されたことが判明する。

以上の儀が終了して退出、安下処で斎があった。種々の珍菓・菜飯は記し尽くすことができないほどで、勅使上卿一人が共食者を務めた。その後、入城時と同様に二門から出て、伝法院に帰着する。途中で市の売買の様子を見たところ、金・銀・珍宝は記し尽くせないほどで、東府・西府は各々数里、大殿・廻廊も見て経過した。賜物は車で伝法院に送られて来た。金羅紫衣《しえ》一副三件、金羅褐《かつ》僧衣七副各三件、白絹百六十疋で、成尋は御前で紫袈裟・衫・衣裙《いくん》（スカート状の衣服）を賜ったことになり、「成尋の為に過分の事なり」という感想を記している。馬人らには銭九百文、各々百文を与えた。未時（十四時）に院書生三人が宣旨を持参し、成尋ら八人と恵詢《えじゅん》（梵才三蔵）は二十三日から大相国寺、太平興国寺、啓聖禅院、顕聖寺、感慈塔、開宝寺、福聖院に参詣・焼香するようにと伝えられた。

　成尋は紫衣賜与について、入宋前の延久三年（一〇七一＝熙寧四）十二月十三日に日本備中国新山《にいやま》（岡山県総社市）において大内《おおうち》（大内裏）で紫袈裟を賜る夢を見たといい、これは今回の出来事の予兆夢であったと記している。絹百六十疋は八人に各二十疋、通事には銭三貫が与えられたが、八人は各々絹二疋を通事に分与したので、通事も十六疋を得ることになった。成尋は弟子たちについて、「各々廿疋并びに装束を充《あ》て賜り、已に以て富人に成り了んぬ。豈驥尾《あにきび》の蠅に異ならんや」と軽口を記す。

　申時（十六時）に梵才三蔵の房から来請があり、銀器に珍菓を盛ったものが饗され、この日は成尋もさすがに少し飲酒している。朝廷から羊毛畳十六枚が賜与されたといい、使人に銭四百文を与えた。院の諸僧が朝見の成功を慶賀してくれる。三蔵の言では去年西天竺から来た二人は朝見を経ないで五臺山に参詣したので、成尋は「王者において有縁《うえん》なり」との評である。客省官人一人が来たので、成尋は絹二疋、八人（弟子七人と通事）は各々一疋を与えた。

諸寺に参詣

二十三日からは諸寺参詣に出かける。卯一点（五時）に使臣が到来、少卿・三蔵が来会して点茶する。使臣は「容貌優美」、成尋の見立てでは二十五・六歳という。借馬九疋で出発、この日は太平興国寺、啓聖禅院、大相国寺の順で参詣し、各寺院の様子が詳細に描写されている。啓聖禅院で供された斎は皇帝勅賜斎で、百味飾膳が備えられ、記し尽くすことはできないほどで、使臣・三蔵・成尋・寺司が一処、幕を隔てて七人の僧と通事、監寺が一処という形で食事をした。啓聖禅院と大相国寺には仏牙堂《ぶつげ》、つまり釈迦の歯が納められており、宋代の仏牙信仰の様子が知られる。(34) 申時（十六時）に伝法院に還着し、使臣は参内する。明日の早旦に院に来て、残りの二寺に参詣するとのことである。酉時（十七時）に使臣が使者を送ってきて、明日は官馬を賜与するので、成尋らが借馬を準備する必要はない旨を告げたといい、成尋は「希有の朝恩なり」と記している。使者に銭百五十文を与えた。同二点（十七時半）に三蔵が来坐し、勅馬を賜与されるとの事は「感歓極まり無し」であると述べ、文慧大師も随喜讃歎してくれた。ちなみに、借馬九疋の代金は一貫五百文で、七人の僧と通事には綿十両（約三七五グラム）・練絹《ねりきぬ》一疋半を与えた。

二十四日は卯一点（五時）に三蔵が中門に帳《とばり》を張り、幕を引いて倚子を設営し、成尋らとともに使臣の到来を待つ。同二点（五時半）に使臣が来たが、官馬は来ず、辰二点（七時半）になっても到来しないので、借馬で出発する。官馬が到来したら、借馬は返すという算段であろうが、結局官馬は来なかった。数里を過ぎて皇城南門の宣徳門を見たといい、成尋は日本の朱雀門《すざくもん》の如しと説明している。次いで北向し、東面の東華門を過ぎ、東行数里にして福聖禅院に到着する。やはり皇帝勅賜斎があり、成尋は寺内の様子を詳細に描写している。次いで北向数里にて開宝寺に到着、中門の額には「勅寿禅院」、塔の額には「感慈塔」と記されていた。ここでも寺内の詳細、素晴らしさが詳述されており、退出する時に使臣が皇帝に「感悦表」（お礼言上）を進上するのがよいといったので、三蔵に案文《あんもん》を書いてもらい、開宝寺の能書の僧に清書させて進奉している。感慈塔は九重塔で、心柱は二百二十尺（約六六メートル）、使臣が「若《も》し五臺に参らんと欲せば必ず九重を究め登るべし」と言ったので、皆登礼した。これはさすがに堪え難く、成尋は「九重卌一丈（約九六メートル）の塔上下の間心力倶《とも》に屈し、最も以て堪え難し」と記している。この塔は勅宣がなければ登れず、登ることを希望する者は寺と姓名を進奏して、許可を得るというしくみになっていた。

中時（十五時）に帰途に就き、皇城の西門、北側の第一門（闔門《こうもん》）とその南の第二門（宣秋門）の前を経由し、本日は皇城の四面を一周したことになる。おそよ八町（約八八五メートル）で、日本の皇城の如しという感想を記している。同二点（十五時半）に伝法院に帰着した。酉時（十八時）に梵才三蔵が筆書して、「大唐特に中使を差して相伴焼香す、其の礼は最も厚きなり、未だ曽て有らざる事なり」と伝えたといい、成尋らへの手厚い待遇が誇示されている。院書生（司家《しか》）が五臺山参詣に関わる客省牒を持って来る。書生三人が銭各二貫を要求し、先例では五臺山に参詣する人は書生に銭を与えることになっているといったが、三蔵に確認した上で、その指示に従う旨を返答している。書生の貪欲さに対する成尋の新しい対処方法がわかる。

二十五日は巳時（十時）の斎を可道と広智大師（恵琢）が送付してくれた。午時（正午）に定照から来請があり、点茶する。未時（十四時）に『大日経義釈』二十巻・『金剛頂経疏』七巻・『蘇悉地経疏《そしつじきょうそ》』七巻・『最勝王経文句』十巻・『法華論記』十巻・『安養集』十巻など六十四巻を撰出し、三蔵のところに持参して貸与し、朝廷に奏聞《そうもん》して伝法院に写し留めるのがよいと告げた。また『智証大師伝』一巻を三蔵に貸した。文慧大師の房に行き、『輔教編』三巻を返却する。このところ朝見や諸寺参詣が続き、拝読する暇がなく、五臺山行きの準備で多忙なので、五臺山から帰還した時にまたお借りしたいと伝えた。文慧大師には『往生《おうじょう》要集《ようしゅう》』三帖を貸し、さらに源信《げんしん》の行業を知ってもらうために、『源信僧都行状』一巻・「唐務州七佛道場行辿《ぎょうてん》和尚、往生要集を請納せる返事」一通・「日本の諸儒、源信僧都房に参りて作りし詩」一巻を持参したが、文慧大師は三蔵の房にいるということなので、三蔵の房に向かい、見せたところ、二人ともに感嘆し、写し留めるべき由を述べたという。成尋は日本では『往生要集』が中国で流布していると聞かされていたが、国清寺よりこのかた、全く知られておらず、「日本において聞く所と全く以て相違せり」という感想を記している。筆談で三蔵に書生らの銭要求について尋ね、既に各人に絹二疋、銭は筆頭者に三貫、二人には各一貫を与えている旨を告げると、三蔵は今回は付与しなくてもよいといったので、その由を書生に通達した。成尋は書生を「大貪欲の者と云うべきなり」と評している。酉時（十八時）に定照の弟の僧恵裳が来拝したので、答拝した。皇城の西にある普《ふ》安禅院《あんぜんいん》の住僧とのことである。

二十六日には辰一点（七時）に太平興国寺の浴院に行く。沐浴の僧俗が数百人おり、浴室の中は暗く、互いに姿が見えないようになっている。午時（正午）に文慧大師が『往生要集』を返しに来て、「甚妙」（大変すばらしい）と評し、また近晩に自房で菓子をもてなしたいと述べた。未時（十三時）に慈済大師（智孜《ちし》）が来たので、『阿弥陀大呪句義』を貸した。同二点（十三時半）に文慧大師の来請があり、珍菓・美菓や羹・茶の饗応があり、同四点（十四時半）に戻る。申時（十六時）に五臺山行きの際に同行する使臣劉鐸《りゅうたく》が来たので、三蔵とともに出会し、点茶する。酉一点（十七時）には慈済大師が『阿弥陀大呪句義』を返却し、頌詩《しょうし》をつけてきた。文慧大師の唱和詩もあり、こちらは日本の左大臣藤原師実《もろざね》（成尋が護持僧として奉仕）に送付するようにする。戌時（二十時）に三蔵がこの二詩を見たいというので、三蔵の房に見せに行き、数刻の間、問答する。三蔵が「日本、詩興《おこ》るや否や」と尋ねたので、「日本は道俗詩を以て興宴の基と為せり。小僧に至りては本尊に敬白し永く作詩を絶てり。但し見感すること少なからず」と答えており、成尋はどうも詩作が不得手で、作詩しない口実を設けていたようである。

五臺山参詣の準備

二十七日は辰一点（七時）に梵才三蔵・文慧大師とともに南隣りの七客院を訪問し、七宝无価塔《しっぽうむかとう》を礼拝した。巳時（九時）に定照から来請があり、行くと、大常博士劉　璹《りゅうとう》が拝観に来ており、点茶、次いで広智大師が茶を持参してくれたので、喫茶した。同二点（九時半）に御薬が来て、「厳寒の比は堪え難し、春の間に五臺に赴くべし」と忠告してくれたが、成尋は「小師・通事、早く日本に帰らんと欲す、これに依りて今年早々に参らん」と述べており、成尋の計画が知られる。五臺山には通事も同行するので、そのための申文《もうしぶみ》を御薬に付託している。五臺山行きに同行する使臣が来て、申文等を書くために銭一貫を乞うので、付与した。三蔵が点茶してくれた。通事の毛衣・毛頭巾・手袋・毛襪《しとうづ》（足袋）などの代金として銭五貫を与える。御薬は早く五臺山に行くことに理解を示し、通事にその旨を告げている。通事が成尋の毛頭巾・毛沓《くつ》・革手袋などを購入し、こちらの代金は一貫五十文であった。

二十八日には巳時（十時）の斎に三蔵が羹《あつもの》・菜を送ってくれた。午時（正午）に成尋と頼縁の雨衣二領・雨裙《くん》（もすそ）二領を買い、代金は三貫七百文、残りの六人は各自の絹一疋で自分の分を購入したという。戌時（二十時）に書生の永和が来て銭を乞うので、密かに一貫を与えた。書生には色々と頼み事をするので、懐柔しておく必要があり、不本意ながら銭を支給するしかなかったのであろう。

二十九日は辰時（八時）に勅使が来て、御覧に供するために日本の装束を召されたので、衲袈裟・横皮《おうひ》・櫨《ろ》甲《こう》一具と三重繁文綾檜皮色袍《ほう》・堅文織物綾表袴《うわばかま》を進覧した。裙は中国と同じであったので進覧しなかった。指貫合《さしぬきあわせ》袴《ばかま》錦袚《にしきひ》は日本の紫繁文綾袋に入れて進覧した。これは前日に三蔵がこれらの品々を見て興味を抱き、次日に諸寺焼香に到来した使臣に告げ、昨日には御薬が来て見ており、彼らが上奏したので、皇帝が興味を示し、召された次第であった。午時（正午）に通事が鞍九具を持って来たので、三蔵に価直《かちょく》（値段）を定めてもらい購入する。未時（十四時）に五臺山行きに同行する使臣が来て、沿路《えんろ》盤纏《ばんてんの》宣旨《せんじ》（旅費の支給）・州県伝馬宣旨・州県兵士宣旨などを届けたので、成尋は「朝恩不可思議なれば、感涙禁じ難し」と記している。このことは延久元年（一〇六九＝熙寧二）閏十月七日夜の夢記に符合していると、感慨もひとしおであった。申時（十五時）に朝廷から装束が返却されてくる。同二点（十五時半）に少卿の房に行き、珍菓・茶薬・補桃酒《ぶどうしゅ》（桃花酒）の饗を受けた。成尋は金橘《きんきつ》を珍しく思い、八菓をもらって帰り、弟子ら八人に与えている。これは温州の特産といい、温州みかんのことかと思われる。暁に広智大師の房に向かい、茶と薬二丸があった。戌時（二十時）に七人で読経し、智証大師円珍の遠忌を修した。慈済大師が五臺山で文殊菩薩に供養するようにと、蠟燭一対を贈呈してくれた。

三十日には辰時（七時）に通事と惟観を使者として、三蔵に沙金三両・細布一端を志送する。成尋らにとてもよくしてくれたので、そのお礼であるが、二度は返送され、三度目で受領してくれた。同二点（七時半）に馬二疋を購入している。また五臺山行きの許可証が届いた。午時（正午）に講堂で羅漢供《らかんぐ》（羅漢を供養する法会）があり、次いで諸堂を廻って焼香、諸房の持仏にも焼香に向かい、少卿の房では布施絹、三蔵の房では銭一貫を出し、地主護法に参詣、崇梵《すうぼん》大師（明遠）の房で絹一疋、広智大師（恵琢）の房で絹一疋、定照の房で絹一疋、次いで関鏁《かんさ》房（開かずの部屋）があり、頻りに押したり扣《たた》いたりして咲《わら》って過ぎ、次に成尋の房では絹二疋を出したが、少卿・三蔵らは一疋を返した。次いで文慧大師の房で絹一疋、慈済大師の房で絹一疋、次いで本堂に戻った。未時（十四時）に三蔵が頭巾・龍脳香四両・乳口絹、文慧大師が盧山茶《ろざん》を志送してくれた。戌時（十九時）には三蔵の房から珍菓・補桃酒が送られてきている。同二点（十九時半）に少卿・三蔵から切なる来請があり、羅漢供に向かい、茶・餅が振る舞われた。本日は終日竟夜、伎楽歌讃という状況で、粥・菓を飲食し、頻りに来請があったが、明日の出発の準備で多忙であったため、参向しなかったのはとても残念であると記されている。丑時（二時）に典座可道が念仏供養の残りの銭を供え奉るということで、成尋には二百文、七人に各々百文の銭を持参してくれたので、成尋は呪願して受納した。

五　五臺山巡礼

（延久四年〔一〇七二＝宋・熙寧五〕十一月一日〜十二月二十六日）

往路

十一月一日、巳時（十時）に五臺山参詣に同行する使臣である殿直の劉鐸と三司の官人が到来し、「参五臺山沿路《えんろ》盤纏《ばんてん》」（五臺山参詣の旅費支給）の文書を成尋に付与する。客省官人が来て、成尋に銭十貫、通事に五貫を下賜する宣旨を持参した。通事を官庫に行かせ、午時（正午）に受領して来たので、成尋の十貫のうち二貫を客省官人に賜与し、八貫は三蔵の房に預け置き、伝法院を出発する。少卿・三蔵や諸大師が大門で見送る中、中門にて乗馬、いよいよ五臺山参詣の旅が始まる。官馬十疋（成尋ら八人と通事および使臣の乗用）と兵士二十人が下給され、それぞれ兵士二人が馬の口取りとなり、そのほかに十月三十日に購入した私夫馬二疋も同行する。しばらく京中を進み、五里（約二・七キロ）で順天門の外に至り、金明江を見ると、大橋（仙橋。駱駝橋とも）と楼（宝津楼）があった。酉時（十八時）に門馬鋪《もんばほ》から十二里（約六・六キロ）で祥府《しょうふ》県新店《しんてん》馬鋪の西一町にある永福院に到着、院主が点茶してくれ、諸僧が来拝した。

二日は卯時（六時）に出発、新店馬鋪から新しい馬十疋が到来して出行する。以下、馬鋪に到着すると、相応の距離で馬を交換して前進する様子が記されている。十五里（約八・三キロ）で八角《はっかく》馬鋪に至り、馬十疋を交換、十五里で午時（正午）に醋溝《さくこう》馬鋪に至り、馬十疋を交換する。十里（約五・五キロ）で中牟県三異駅に至り、斎がある。勅使が到来し、五臺山に奉供する香を下賜されたといい、勅使はすぐに京師に戻った。この駅では旅費となる銭四百五十文を請来（受領）しており、以下、同様に銭を受領することになる。[35] 中牟《ちゅうむ》馬鋪から換馬十疋が到来し、出行、十里店《てん》馬鋪に至り、馬十疋を交換、十二里（約六・六キロ）で義井《ぎせい》馬鋪に至り、馬十疋を交換、十二里で酉時（十八時）に白沙《はくさ》馬鋪に至り、宿泊する。本日は計七十三里（約四〇・三キロ）の行程であった。

以下、このような記述ぶりで、日々の行程が比較的淡々と綴られているので、まずは五臺山到着までの往路の旅程を図示し（図16）[36]、いくつか特筆すべき記載を紹介する形で、要約に代えたい。

三日には使臣の本宅が鄭《てい》州（河南省鄭州市）にあるので、午時（正午）に奉寧《ほうねい》駅で止宿することになる。また京からの兵士二十人はここで返し、銭五百文を付与しており、以下、州・県において適宜兵士の交替派遣がなされている。この日は駅銭四百八十文を請来した。四日も使臣の希望でなお逗留する。鄭州から下行《げぎょう》（支給）された粟米について、成尋は粟飯は堪え難いとして、百五十文の銭で白米を購入して混ぜて食したといい、食事、特に米飯には固執する側面が窺われる。使臣が羊毛の畳（カーペット）を貸してくれ、また使臣の兄弟らが来拝した。五日には辰時（八時）に私夫馬二疋を売却している。官馬は常に新馬で元気がよく、これから山路の険峻な道に入ると、益々足手まといになることを考慮し、飼馬の煩わしさもあって、手放したものであり、一疋は元値十貫が八貫、一疋は九貫が七貫、計直銭十五貫文を得た。栄陽県栄陽駅の周辺では天斉仁聖帝廟の西の大崖の下に数十の立屋があり、乞匃人《こつがいにん》（乞食）が居住しているのを見たという。

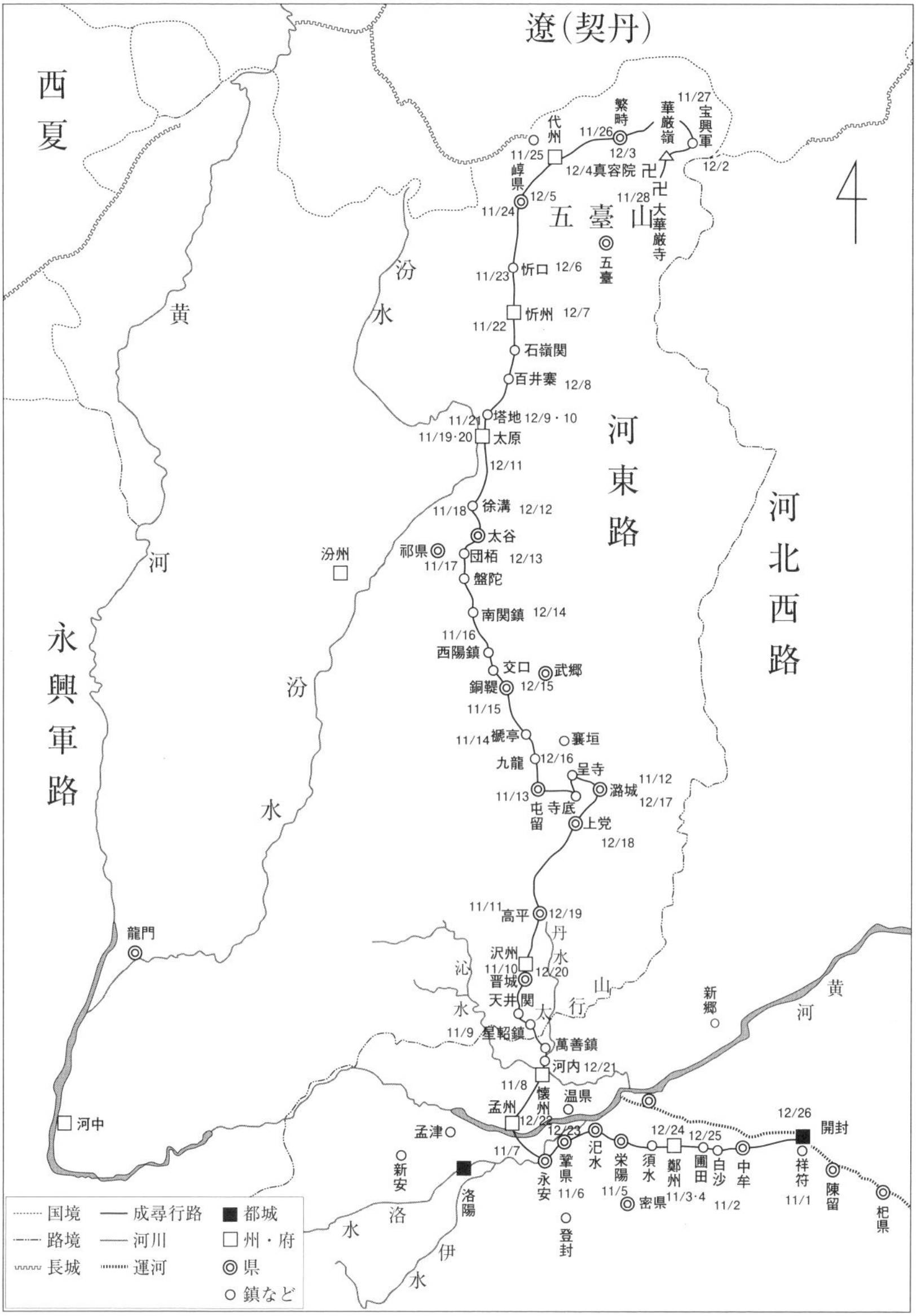

図 16　五臺山巡礼の往復路

(『史料纂集 参天台五臺山記』第二〔八木書店、2023 年〕343 頁)

六日には西京＝洛陽の東関にあたる勅行慶関《ちょくぎょうけい》を入り、黄河を見ながら進む。七日には洛河の浮船橋を渡る。大船十六隻を連ねて二町（約二二二メートル）ほどを渡したものである。この日は黄河の浮橋も渡っており、こちらはまず五町（約五五二メートル）ほどを大船二十一隻、一里（約五五二メートル）の間隔があって、次の三町（約三三二メートル）ほどを大船十六隻で橋を造っていたといい、黄河が二つに分かれる地点であった。ここまでは西向であったが、八日からは北向に変わる。八日には懐州《かい》（河南省焦作市）の覃懐駅《たんかい》で障害を持つ児童が女性に連れられて成尋を来拝したので、銭を与えようとしたが、僧尼の銭は受け取らないというので、使臣が二十文を付与している。成尋は「自然に才有りて文字を知る」という評言を記している。この駅では食銭（旅費）を受領した。

九日からは太行山《たいこうざん》（大行山脈）の山路に入る。沢州《たく》（山西省晋城市）晋城《しんじょう》県星軺《せいよう》駅では駅客の住舎の東西の壁に立石があり、官人の詩文が刻まれていたので、それを書写している。ここではまた駱駝六疋を見ている。背の上に鞍肉、前と後に二つ、それぞれ一尺（約三〇・五センチ）とあるので、ふたこぶ駱駝であり、長毛で、足は牛、頸は鹿、頭は馬に似ており、鼻には牛のように縄を付け、尾は猪の如くで、全体としては馬のようで、高さは六・七尺、長さは七・八尺あるいは一丈と描写が詳しい。太行山には官羊が三箇所で飼育されているといい、駱駝や羊など、日本では見る機会がない珍獣について記す。盤纏銭《ばんてんせん》（旅費）を請け取った。

十日には太行山を越え、沢州の高都駅に到着した。州の外廓を見るに、懐州と同様に、垣の上の四面に矢倉があり、山路の防衛の様子が知られ、この駅にも客舎の壁の立石に刻詩があり、五臺山参詣者の心情に関心があるのか、成尋は丁寧に書き留めている。この日は使臣が山路に音を上げて、「辛苦」というので、未時（十四時）に留宿した。駅が粮銭《ろうせん》（旅費）を下行した。十一日も卯一点（五時）に出発、未時（十四時）に高平県高平駅で留宿する。駅の粮銭六百余文を受領した。

十二日には潞州（山西省長治市）崇賢《すうけん》駅を過ぎて三里（約一・六六キロ）のところに開元寺があり、安下する。少卿が成尋ら八人と通事に斎を儲けてくれ、珍菓・肴膳は記し尽くせないほどであり、寺中の諸僧が焼香に来たという。都監太保も来坐したが、五臺山への道を急ぐので、帰路に参仕する旨を告げた。本日は羊頭山を越え、宿泊は申時（十六時）であった。十三日には卯一点（五時）に寺主が粥を送ってくれ、辰時（八時）には道俗男女数千人が成尋らを来拝し、銭・香などを布施してくれる。巳時（十時）に出発、この日は寺底《じてい》駅に宿泊しようとしたが、貴人が宿泊しているとのことで、さらに一里を進み、資慶寺で留宿する。寺主の老僧が点茶してくれた。崇賢駅と寺底駅の粮銭計八百文を請け取る。十四日は卯時（六時）に寺僧が粥を供してくれる。銭百文、行者一人には六十文を付与した。この日は紫嵒《しがん》山紫嵒寺で宿泊しようとしたが、寺内から死人が担ぎ出されてくるのを見て寺を出でて、さらに五里（約二・八キロ）を進み、褫亭《してい》駅で宿泊したという。この日からは山路が険しくなり、馬鋪に良馬がいない場合も散見し、前の馬を留飼、あるいは半数のみを交換して進むという記載が見えるようになる。

十五日には潞州の界を通過して威勝軍《いしょうぐん》内の県に入る。未一点（十三時）に星軺駅の勅広教禅院に入り安下、兵士等の交替のために、ここに留宿する。寺の講経の様子を見ると、道俗男女百人ほどが聴聞、講師は本尊仏の左前方に西に向かって高座に坐り、女性一人が右前方に平座し、講師が誦頌《じゅしょう》すると、次に女性が誦頌、次いで諸僧が同音で誦頌という順序で進行しており、成尋にはこの儀式の作法が理解できなかったと記されている。威勝軍から粮銭が下行される。十六日は鼓子山《こしざん》を越え、西陽駅で銭一貫五百文を受領、さらに北行して千仏山を越えた。山の東面の右に千仏が刻まれているので、山の名前がついたという。十七日は南関駅《なんかん》で銭四百六十文を受領、斗《と》底嶺《ていれい》、石覆山《せきふくざん》、盤駝山《ばんだ》などの山越えが続く。成尋はこの六・七日、つまり十一日頃から毎日駱駝を見ていると記し、駱駝の詳細な描写を行っているが、概ね九日条と同様である。その姿について、「最も罪業《ざいごう》深重と云うべし」と評している。団柏駅《だんはく》で駅銭五百十二文を得る。

十八日も北向、十九日には太原府に到着し、行事の官人が種々の菓・酒九瓶を送ってくれたので、通事に三瓶、威勝軍兵士二十人に二瓶を与え、一瓶を一行の人々で飲んだ。二十日には卯一点（五時）に太原府の知府である龍図閣直学士《りゅうとかくちょくがくし》の劉庠《りゅうしょう》が粥を送り、斎への請来があったので、成尋ら十人は巳時（十時）に府斎に参入する。知府は「容皃最も貴人と云うべし」と評される人物で、酒・菓が十余度、最後に飯があり、「真実第一の斎なり」であったという。平晋駅《へいしん》に戻ると、銭十貫が送付され、通事には酒二瓶、使臣には酒七瓶が送られてきた。酉時（十八時）に道俗が成尋らを来拝し、老女三人がこれからさらに寒さを増す山路を考慮してか、覆面料として綿・切衣などを志与してくれた。入夜《にゅうや》に府から粥が送られてきた。

二十一日には卯時（六時）に府から粥が送られてきた。巳時（十時）には斎があり、成尋に紫皮の裘《かわごろも》一領・羊毛皮の裘一領、成尋・頼縁・快宗に綿の襪《しとうず》三足が送られ、醋《す》一瓶・酒一斗もあった。二十・二十一日には何度も到来する使人にそれぞれ銭を与えている。紫衣僧が来て、皮《ひ》鞋《あい》（革靴）一足・綿襪一足を志与してくれ、成尋は「感有り感有り」と述べている。午時（正午）に出発する。劉庠からは成尋にお布施をして、母李氏の長寿祈願を依頼する旨を記した文を送られている。二十二日は石嶺関に至り、重々の門の四面の垣の上に矢倉があり、城の如き厳重な警備の様子を描写している。忻州《しん》（山西省忻州市）に入り、二十三日には金山を越え、金山駅に至り、午時（正午）に留宿する。忻州駅と金山駅の駅銭が届けられた。ここには井があり、皆が沐浴し、使臣が洗濯するというので、早めの逗留となった。駅の客殿の壁の立石に刻詩があり、書写する。忻州少卿が粥を儲けてくれ、斎請もあったが、道を急ぐので参向しなかったという。

二十四日は代州《だい》（山西省忻州市代県）に入り、未一点（十三時）に崞県《かくけん》駅で留宿する。駅銭五百二十一文を受領した。成尋は諸僧とともに天台大師供を修している。二十五日には代州の都督府に到着、代州大卿が斎を儲けてくれ、諸僧は「飽満」（満腹）の躰《てい》である。ここからは虎や盗賊の恐怖があるので、使臣の申し入れにより兵士を十五人増加し、計三十五人を出してもらうことになった。二十六日には卯一点（五時）に大卿が粥を送ってくれ、同四点（六時半）には路食としてマントウや餅・作飯、酒などを志与してくれる。二十七日には宝興軍の管内に入り、未時（十四時）に滅山谷《めつざんこく》に入り、軍初門に入ると、初めて東臺の頂が見え、「感涙先《ま》ず落つ」と、大いに感激している。宝興駅の壁には落書《らくしょ》の文章が書かれており、それらを書写する。二十六・二十七日は駅と駅の間に馬舗がなかったといい、山路の峻険さが窺われる。

この二十七日には五臺山の寺主が迎馬十疋、行者七人を派遣してくれた。いよいよ五臺山が近づき、成尋は灯下に文殊菩薩に供養する品々を点検している。成尋は砂金三両・銀十両、頼縁・快宗・聖秀の三人はそれぞれ唐絹一疋、惟観・心賢は銭各一貫、善久・長明は銭各五百文といい、各人の地位と財力による差が看取されるところである。皇太后宮御経（皇太后藤原寛子《かんし》から付託された後冷泉天皇宸筆の経巻）供養目録、太皇太后亮（藤原師信）が付託した鏡・髪・文も揃えている。そして、二十八日にはついに五臺山中臺の真容院に到着した。

三泊四日の滞在

まず五臺山到着の様子を記す。二十八日には卯時（六時）に真容院から馬八疋、宝興軍の駅馬二疋が送られ、登山を開始、谷を行くこと十里（約五・五キロ）で、坂を登り、最も峻険なので、時々馬から下りて徒行せねばならない。雪は十月中下旬に雨が降り凍氷になっており、馬の足もすべり気味で、山頂北臺に登る傍路を谷三十里（約一六・六キロ）、坂十五里（約八・三キロ）と進み、まず下馬して北臺を拝し、西臺・中臺・南臺を遥拝、東臺は山を隔てているので見えなかったという。岑から下ること十里のところで、諸僧が来迎してくれた。都維那《ついな》を先頭に、坂口の小堂には副僧正が乗馬で来ており、諸僧が列行、八流五色の幡を捧げ、宝幡も二本、打鈸《だばつ》の僧八人、総勢百人くらいであった。この小堂で点茶する。次いで寺主の命により文殊供養物を輿の上に積み錦を敷く。諸僧が列行すること五里、日本人は乗馬で進み、中臺の中腹の真容院に到着し、供養物を文殊の宝前に置いた。

申一点（十五時）に安下房に入り、まず浴室に行き沐浴する。次いで入堂し、礼仏・焼香し、弟子たちは房に戻ったが、成尋は仏前に禅床を立てて終夜を過ごした。五臺山に到着する途中で西臺を見た時、山頂に五色雲が出現するという奇瑞があり、これはまず使臣が見つけ、次に成尋が見たものであると記されている。極寒の中での仏堂滞在であるが、「終夜禅床において睡《ねむ》るに、夜小便の思い无《な》し、最も奇異なり」であったという。

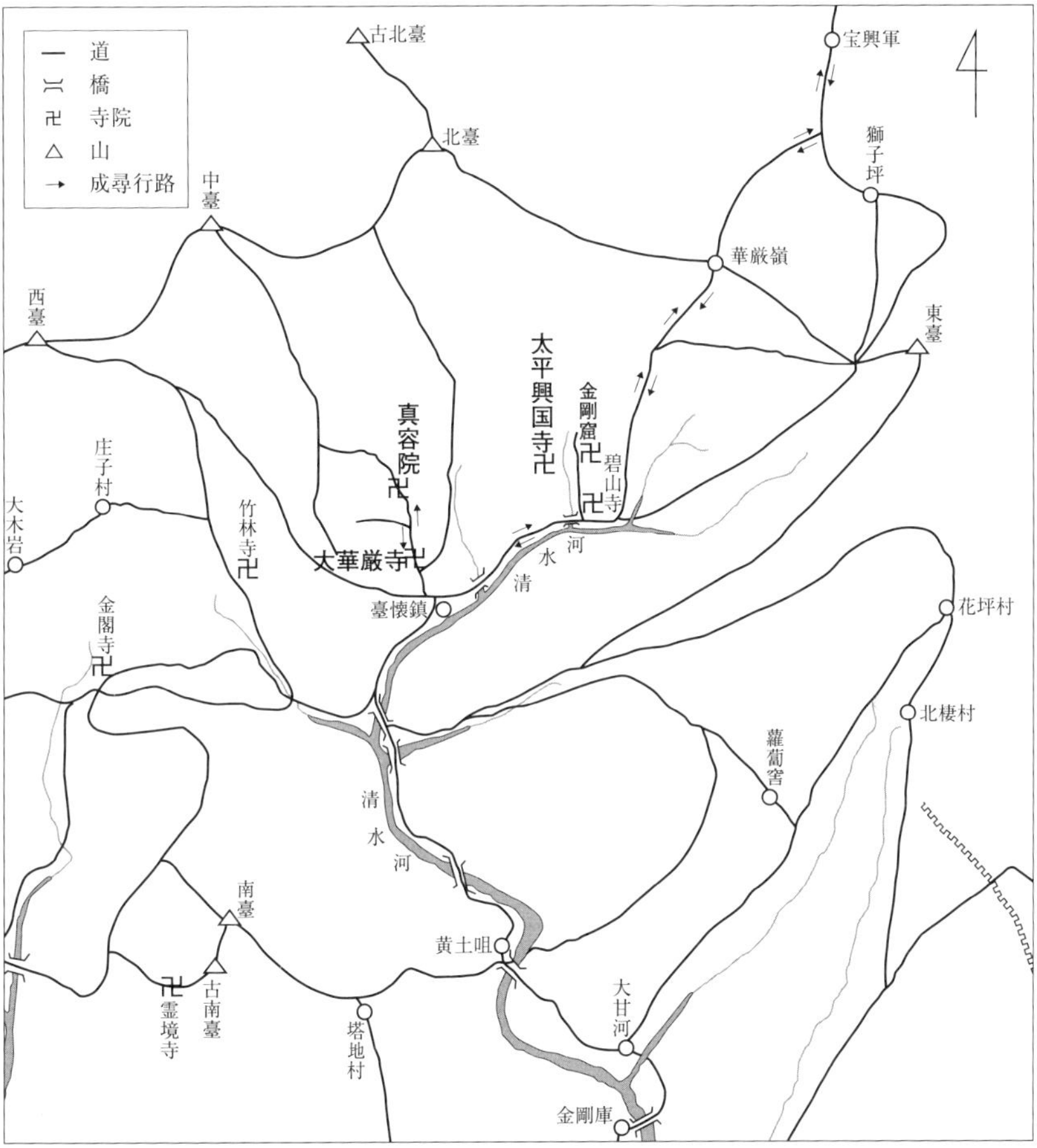

図 17　五臺山概略図
（『史料纂集 参天台五臺山記』第二〔八木書店、2023 年〕344 頁）

十一月一日～二十八日の行程では雪は全く降らなかったが、二十九日には「天頗る翳《かげ》れり」とあり、午時（正午）の前から雪が降り始める。これも不可思議なことで、成尋は「文殊迎接敢えて疑う所无し」と確信している。この日は卯時（六時）に文殊宝前で粥が出され、僧正覚証大師順行は他行して不在であったが、副僧正覚恵大師承鏑《しょうてき》と六師閣主広大師が共食してくれた。副僧正が引伴して辰時（八時）から諸堂を巡り焼香する。文殊閣（瑞相之殿）、四重閣（化相之殿）、第三閣である。

午時（正午）に副僧正の房で斎があり、客として七十四歳の妙楽大師延一が同席、副僧正は五色光がある菩薩石を取り出して成尋らに志与してくれ、成尋は二顆を得た。未時（十四時）に温琦《おんき》表白が来坐し、数剋の間、問答する。成尋は温琦を「最も才人と云うべし」と評している。安下房は迎福亭という名称で、第三重の戸の扉にはいくつかの落書《らくしょ》があったので、それを書写している。申時（十六時）に都維那《ついな》省順《しょうじゅん》が延一作の『広清涼伝』の摺本三帖を持って来てくれた。成尋は『広清涼伝』を入手したいと思い、筆言（筆談）で申し入れたところ、届けてくれたので、「中心の悦び何事かこれに如かんや」との感激を記している。酉時（十八時）に上卿が来た。鴈門《がんもん》郡に配流になる人といい、筆談を交わす。戌時（二十時）に使臣が薬二種・茶一斤を持参して志与してくれた。副僧正が非時食を送ってくれた。非常に立派なもので、朝もそうであったが、これは成尋の自己抑制に合致せず、明日からは停止してもらうように伝えている。水蔵殿主省岳《しょうがく》が菩薩石四顆を送ってくれた。

十二月一日は辰一点（七時）に宝章閣に参詣し、焼香する。次いで集聖閣に参じ、次に僧堂の文殊菩薩を礼拝する。宝章閣には上・下階があり、以上の計四箇所にはそれぞれ銭百文を献上した。无言常坐僧《むごんじょうざぞう》の疑和尚の房を拝見する。この行を始めて既に二十年といい、五臺山での仏教修行の一端を示すものである。午時（正午）に副僧正の房で成尋・使臣・通事陳詠の三人が斎を受けた。斎の後に寺の指南僧省認を前引（先導者）として、成尋ら八人と通事が馬十疋で中臺の半腹の太平興国寺（旧名は白鹿寺）に参詣する。真容殿からは五里（約二・八キロ）で、文殊閣、渾金《こんきん》経蔵、萬聖閣を礼拝する。寺主崇暉《すうき》和尚が珍菓・茶薬を供してくれた。彼は八十二歳、五臺山を廻ること五十八度、左手の无名指《ななしゆび》（薬指）を焼いて文殊に供養し、東臺では文殊の円光・頭光・摂身光と一万菩薩を、南臺の上では金色世界を見たといい、成尋は「身軽く声高く、最も聖人と云うべきの人なり」と評している。

次いで太平興国寺を出発、坂を下ること一里（約五五二メートル）で金剛窟文殊菩薩宅があり、礼拝する。窟穴の前に井があり、文殊井と名づけられている。太平興国寺と金剛窟に八百文を献上した。次に大花厳寺《だいけごんじ》を礼拝する。僧房において西天竺の三蔵と会い、貝葉《ばいよう》経数十連や天竺の袈裟などを見せてもらう。三蔵は今年秋に西天竺から来宋、伝法院から使臣をつけて五臺山に送られ、十月に到着したという。申一点（十五時）に安下処に帰着、上官が来て酒一瓶・菓子八種を志与してくれ、次々に司（役務の人）が来て、入夜《にゅうや》に帰っていった。温琦表白が日本国に送る真容院の返牒を持参する。それによると、成尋が文殊菩薩に奉納したのは、皇太后宮御経、皇太后四条宮藤原寛子が付託した後冷泉天皇宸筆の法蓮華経一部八巻・无量義経一巻・観普賢経一巻・阿弥陀経一巻・般若心経一巻であることがわかる。また故右大臣藤原頼宗《よりむね》の六女で、太皇太后宮亮藤原師信《もろのぶ》に嫁した女性が出産時に死去したので、その遺品である鏡一面・髪三結を付託されており、これも真容院で受領されている。

院牒の起草者は温琦表白であり、彼と法門問答を交わした。五臺県の知県の沺泊祥《でんはくしょう》が鴈門県の監酒王上官とともに来坐した。省順が菩薩石四顆、副僧正は五顆と薬枕二・石提子《ひさげ》（石の香具、火入れ）二を志送してくれた。成尋はしかるべき返物をすることができず、残念な気持ちを綴っている。石提子一箇は趙行者温翰《おんかん》に預けており、これは来年にもう一度五臺山を参詣する時に用いるためといい、成尋の五臺山再訪計画が知られる。成尋はその折りには五臺山で百日修行を行う旨を人々に示している。この日にはまた、仁宗皇帝の御筆になる飛白の「宝章閣」の額を見ており、「荘厳甚妙にして、記し尽くすべからず」と記している。

以上、僅か三泊四日の五臺山滞在であるが、とりあえず奉納品の献上と参詣の目的を果たし、二日には再び帰京の旅に出発するのである。

復路

復路も往路と同様に駅や馬鋪を経由する日々であり、まず復路の旅程を図示しておく（91頁図16）。十二月二日、卯二点（五時半）に副僧正が帰路に用いる馬十疋、見送って行く行者四十人を遣してくれ、安下処に来坐し、暫く談話して自房に戻る。成尋が辞見のために副僧正の房に行くと、行者が副僧正は成尋を見送るために大門のところに行ったと告げたので、銭二貫を献上して行者に預けた。省順と知客《しか》（来客を接待する役僧）の省認にも辞見した。再び安下処に戻り、出立しようとしたところ、雁門県監酒王上官・県令黄炎《おうえん》が石提子一口・焼石（温石、懐炉）一顆を送ってくれた。行者四十人には酒を飲ませて出発、五臺の山頂には雪があり、今回は登拝できなかったが、明年には巡礼を遂げたいと心に誓う成尋であった。寺を出て二里の小堂には副僧正・都維那が乗馬で先来し、茶・薬を供してくれる。

花厳嶺《けごんれい》の頂を登る間、雪が大いに降るので、小堂に入って出発時の正装である袈裟・裳を脱ぎ、歩行して坂を下る。雪が凍っていて馬の足が滑るためである。寺から三十里（約一六・六キロ）で花厳嶺の下の第四鋪に到着、知客僧の温志が来ていて盛大な斎（大斎）を儲けてくれた。午時（正午）に出発、雪はなお降り続くが、十里を経過したところで止んだ。さらに三十里で宝興駅に到着、軍主が炭・柴を沢山送付してくれる。宝興軍の兵士三十五人が来たので、五臺山からの行者・馬は帰ってもらう。知客が廨院《げいん》（出張所）に来住しており、大斎を儲けてくれた。行者温仁が朝廷に紫衣を申請するための名簿を出したという。

三日は卯一点（五時）に知客が粥を送ってくれる。駅馬が不足のため、五臺山からの馬五疋と軍馬五疋を使用する。卯二点（五時半）に出発、店家に至り、飯を喫し、午時（正午）に出発、三十里（約一六・六キロ）で未三点（十四時）に繁時《はんじ》駅に至り、宿泊する。山の行者八人に計五百文の銭を付与した。酉時（十八時）に繁時県の知県が来坐、今年四月に着任したとのことで、明年の五臺山再来時にはまたお会いしましょうと告げられた。成尋は丑時（二時）に夢を見たといい、真容院を出立する際に石（菩薩石）二十、大石三十顆を馬を以て出立する由とのことであり、また昨日も三万菩薩が見送ってくれる夢を見たことを記している。

四日はきちんと駅馬が到来し、卯時（六時）に出発、やはり三十里のところで店家にて茶・菓を喫する。家主は謹厚の人であったので、菓・酒の銭を付与したという。申一点（十五時）に代州駅に到着、大卿が大斎・酒を送ってくれ、官人たちも沢山慰問に来た。入夜、大卿が酒一瓶・菓子五種を送ってくれる。繁時県からの十一月二十七・八・九、十二月一・二・三の計六日の食銭を受領する。成尋は五臺山では寺の斎を喫し、出発後も軍駅では寺の食が供されているので、一日分だけを受領すべきであると考え、使臣を制止したが、使臣が六日分を受領したのであると説明されており、帰路には使臣との齟齬、使臣を非難する場面が散見する。

五日は辰一点（七時）に使臣・通事とともに代州府を訪問し、大卿に謁見、通事を介して談話し、成尋は大卿を「最も好《よ》き人なり」と評している。駅に戻ると、斎があり、路食に充てるマントウなど沢山の物品が送られてきたので、使人に銭二百文を与えた。また酒が送られてきたので、使人に二百文、諸事を沙汰してくれた使人に銭二貫文を付与する。巳一点（九時）に出発、申時（十六時）に崞《かく》県駅に到着し、宿泊する。馬鋪の担人が疲労が激しいというので、マントウ二十二箇、十一人に各二箇を付与した。また馬鋪の一人が使臣の絹櫃《きぬびつ》を破損し、それを責められて泣涙《きゅうるい》しているというので、銭一百文を与えたところ、使臣が驚いてこの担人の頭巾を返して、担人を免し還すことで場が収まった。(37) 入夜に知県・少府・監酒の三人が来坐、通事を介して数剋の間談話した。

六日は卯時（六時）に出発、申一点（十五時）に忻口寨金山駅に到着する。七日も卯一点（五時）に出発、子三点（零時）に忻州駅に至り、宿泊した。使臣が五臺山真容院講大花厳経伝戒賜紫の省盛の書状一紙を見せたが、使臣は書状を受け取って、省盛を追い返したといい、成尋は「奉謁せざるは遺恨最も深し」と記している。忻州の建国寺の寺主紹立《しょうりつ》が来拝し、州の少卿は糖餅・酒を送ってくれた。八日は卯一点（五時）に出発、百井《ひゃくせい》駅で宿泊しようとしたところ、巡検使が宿泊しているということなので、嵒南寺《がんなんじ》という寺で宿泊することになる。九日は寅時（四時）に出発、未二点（十三時半）に太原府平晋《へいしん》駅に至り、宿泊する。往路と同じく、龍図閣直学士劉庠《りゅうしょう》が食・酒を送ってくれたが、大酒九瓶は通事の一瓶と弟子たちの一瓶のみを受け取り、七瓶は返納した。

十日には卯時（六時）に劉庠が粥を送ってくれ、巳時（十時）には迎馬十疋と笠三蓋、兵士二十人が送られて来たので、参入すると、斎があり、前日より盛大なもので、記し尽くすべからずであった。駅に戻る間に二人の者が籠《かご》（鳥籠か）を担い入れた。各々百羽くらいの鳥が入っていたので、成尋は馬前で放った。この籠を駅に持って向かおうとしたので、二人に各々二百文の銭を与えて、ここで鳥を放ったのであるという。未時（十四時）に酒十五瓶（成尋に四、頼縁・快宗と通事には各二、残りの五人の弟子には各一瓶）が送られてきたが、通事の二瓶は受納して、十三瓶は返上したとあり、これは「罪報を思うに依ればなり」と説明されており、成尋の自己抑制心を示す行為である。申時（十六時）にも粥が送られてきた。使臣が「売買」により逗留を切望したので、この日も平晋駅に滞在している。台州から京上への道程では、通事や梢工は商売をしつつ同行し、それを「売買」と表記していたので、使臣も何らかの商売をしていたのかもしれず、それが貪欲を嫌う成尋と波長が合わない一因となったのであろうか。

十一日は卯時（六時）に粥が送られてきた。殿直（使臣）が逗留を切望したので、成尋は湯を沸かして沐浴した。巳時（十時）に斎が送られ、酒一瓶・醋《す》一瓶もある。申時（十六時）に出発、出発時にも斎が送られてきたが、喫さなかった。酉時（十八時）に新店馬鋪に至り、宿泊する。太原府からは路食を沢山送ってくれた。十二日は卯時（六時）に出発、未時（十四時）に徐溝《じょこう》鎮内の徐溝駅で宿泊し、駅銭を受領する。丑時（二時）に夢の中で文殊が現身で説法する場所に入り、宮殿を見たと記しており、宮殿の額にそのように書かれていたという。十三日は卯一点（五時）に出発、団柏《だんはく》鎮の団柏駅で宿泊し、駅銭一貫五百文を受領した。十四日は卯時（六時）に出発、石覆山《せきふくざん》と斗底嶺《とていれい》を越え、南関駅で宿泊する。駅の壁に詩の落書《らくしょ》があり、それを書き留めた。駅銭を受領する。

十五日には寅三点（四時）に出発、申一点（十五時）に星軺駅で宿泊する。太原の兵士二十人に銭一貫を与え、威勝軍の兵士二十人が交替で同行する。十六日は卯時（六時）に出発、途中に紫嵒寺があったが、入寺せずに通過、九龍馬鋪で宿泊した。十七日は寅二点（三時半）に出発、潞州崇賢駅で宿泊しようとしたところ、州門に到着する前一里のところで、都督が迎人・笠持ら六人を送り、駅には州の刺史が宿泊しているので、駅の前の亭で宿泊した。申時（十六時）に使臣・通事とともに府衙に参向し、数剋談話する。戻る時に、都督が成尋の手を執って馬に騎《の》せてくれようとし、固辞したが、どうしても許してくれないので、そのまま乗ったとある。駅に大斎を送ってくれ、酒三瓶・種々珍菓もあって、記し尽くせないほどであった。威勝軍の兵士二十人に銭六百文を与え、菓子も持たせて帰した。

十八日は辰一点（七時）に出発、未一点（十三時）に上黨《じょうとう》駅で宿泊する。十九日は卯一点（五時）に出発、高平《こうへい》駅で宿泊する。途中で人々は茶垸・馬乗（馬具のことか）・様々の器を買っている。高平県から羊畳十枚が送られた。二十日は丑一点（一時）に出発、使臣が切望するので、巳時（十時）に高都《こうと》駅に宿泊する。沢州から羊畳十枚・紫絹半畳七枚が送られ、僧八人と使臣・通事に大斎が送られた。二十一日も丑一点（一時）に出発、懐州覃懐駅で宿泊する。二十二日は卯三点（八時）に出発、子時（零時）に孟州（河南省孟州市）河陽駅の東堂で宿泊した。二十三日は卯三点（八時）に出発、黄河の二つの浮橋を渡り、その後は往路とは異なるルート（中路）をとり、未時（十四時）に洛濱駅《らくひん》で宿泊する。往復路ともに大河・小川はすべて氷が厚く凍っており、人・馬は氷上を行くことができ、「立春以後は大河氷解し、大いに流る」といい、成尋は「最も希有なり」という感想を記している。また何州かは知らないが、州の第三司が死去し、その妻子・眷属が死人を棺に入れて駅に持ち込み、悲哀の声が駅にも充満しているとあり、彼らは既に十四日を経ており、遠方から来たのであって、京にて葬るのであろうかとも記している。

二十四日は卯一点（五時）に出発、戌一点（十九時）に鄭州奉寧駅に到着したが、供奉官が先に宿泊していたので、店家で宿泊する。二十五日には卯時（六時）に奉寧駅に移り、店家には銭二百八十文を支払った。総勢三十人のうち、十人は各八文、兵士二十人は各五文という計算であるといい、これだと百八十文にしかならないので、百文はチップ分ということであろうか(38)。使臣が切望するので逗留し、成尋は銭百二十文で柴を買って（湯を沸かし）沐浴した。申一点（十五時）に出発、酉一点（十七時）に国田馬鋪《こくでん》で宿泊する。二十六日は寅一点（三時）に出発、京の門に入ったところで、門番の官人が暫く担ぎ物（荷物）を留めたので、通事が事情を説明して通過、次いで伝法院に還着した。使臣は自宅に戻った。

六　再び開封での日々（上）

（延久四年〔一〇七二＝宋・煕寧五〕十二月二十六日～延久五年〔一〇七三＝宋・煕寧六年〕二月八日）

再び伝法院での日々

十二月二十六日、伝法院に還着後、諸僧が来集し、随喜感歎してくれ、また五臺山《ごだいさん》行者の李温仁《りおんじん》が別道から先着しており、彼もやって来た。酉一点（十七時）に安下房に戻り、戌時（二十時）に三蔵の房から酒大一瓶と小甘子・石榴《ざくろ》・大梨の珍果三種が送られてきた。

二十七日には雪が降下する。五臺山巡礼の間に雪が降らなかったのに、今日雪が降ったというのは、文殊の加護によるものと思われ、院内の諸僧も感悦した。朝廷では十一・十二月に雪がなく、伝法院に勅を下して降雪を祈願したところ、二十四日には五寸（約一五センチ）ほどの大雪があったといい、成尋が道中に降雪に遭わなかったのを聞いて、ますます喜んでくれた次第である。辰時（八時）に中印度摩竭《まがだ》提国（ビハール州ガヤ・パトナ）から到来して二十二年になり、五臺山に参詣したこともある天吉祥三蔵の房に拝観した。陸地から西藩に来て、今年二月に伝法院に到着、月内には朝見して紫衣《しえ》を賜り、三月には五臺山に参詣、五月に院に還着した中天竺僧二人、南海から広州（広東省広州市）に来着し、今月に伝法院に到着した五天竺の西北に位置する丈夫国《じょうぶこく》（ペシャワール）の僧二人とも会う。彼らは皆唐語を理解しているという。

本日は院内の諸僧が労問に来てくれた。未時（十四時）に新来の中天僧、また丈夫国僧の一人が来坐したので、茶を喫させた。官人が成尋の房を装束し、帳《とばり》を張り、幕を引いてくれた。未時（十四時）に司家《しか》（院書生）三人が来て、成尋らが伝法院に還着した旨を記した院の奏状を見せ、銭を要求したが、先日に六貫と絹六疋を付与しているので、成尋の手元には二十余貫の銭があったが、銭がないと称して与えなかったという。成尋は彼らを「大貪欲の官人なり」と評している。しかしながら、司家は先例では五臺山に参詣した僧は還着の時必ず「恩」（こころづけ）があるというので、三蔵に確認した上で与えるか否かを考えることにする。通事には銭三貫を付与した。また鄭《てい》州の兵士二十人には各々十五文、長一人には三十文を与えた。戌時（二十時）に三蔵が暑預（薯蕷《とろろ》）を送ってくれた。

二十八日には通事陳詠《ちんえい》が朝廷から給付された銭五貫と私銭一貫、計六貫を三蔵に献上して、巳時（十時）に斎《とき》を儲ける。講堂の南面に少卿《しょうけい》（副寺主）と梵才三蔵、左方の一の座に天吉祥、次に文恵（慧）・慈済、そして本日の檀越《だんおつ》の陳詠、右方の一の座に成尋、次いで中天国僧二人、丈夫国僧二人、右方の面座に日本僧七人という配席であった。寺の他の僧が来て礼拝し、各々に布施銭百文を渡す。早朝から皇帝・皇后の千秋万歳を祈念し、斎の時には諸堂を廻って焼香・供養している。

斎の後、天吉祥が成尋と新来の中天僧二人、通事を来請《らいしょう》したので、喫茶し、『月燈三昧経』梵夾・『无量寿経』梵夾・『弥勒授化経』梵夾を見せてくれ、成尋は「字は甚妙なり」と評している。これらは長さ一尺六寸、広さ三寸の貝葉《ばいよう》で、それぞれ金筥に入っており、錦と綾で両重に裹《つつ》んであった。成尋が日本の慶耀供奉《けいようぐぶ》の梵字を見せると、三人の梵僧は感歎極まりなしであったという。次に『白傘盖真言《びゃくさんがい》』の紙梵本を見せてもらい、皇祐五年（一〇五三）四月三日の校勘印本の後序を見て、写取する。

丈夫国三蔵が来座し、定照《じょうしょう》に紙の梵経二巻を取って来させて成尋に見せてくれたが、東印度の梵字は中天竺のものとは全く異なっており、何経かわからなかった。丈夫国三蔵は唐語を解さないので、説明してもらえなかったためである。同様に、慶耀の梵字を見せたところ、感ずること限りなしということなので、成尋の自意識、対抗意識は充足されている。三蔵の指示があったので、未時（十四時）に司家三人に銭一貫を与えた。客省（外国使節への接待などを担当）の官人が来て、朝見奏状を求めたが、三蔵が制止したので、付与しなかった。今日の斎には大卿は来坐しなかったが、これはお召しにより参内していたためで、皇帝の誕生日なので、大卿一人が御斎に対されたという。

天吉祥が五臺山で見た文殊本身の円光・身光・五重金鍾・五色光・七重花樹・羅漢七人等の像画を見せてくれた。惣《す》べて十二相であり、成尋は「感涙禁じ難し」という感慨を記している。本日は三度も天吉祥三蔵の房に行った。申時（十六時）に文恵《ぶんえ》大師が来て、『広清涼伝』三巻・『古伝』一巻を貸してくれた。また梵才三蔵が来て、早く表を作って奏状を進上した方がよいと告げる。なお、成尋は五臺山の往還の間、日本冷泉院前内親王（後一条天皇の皇女で、後冷泉天皇の皇后になった章子内親王）から賜与された五条袈裟を着用し、毎日後世往生極楽を祈り奉り、治部卿（源隆国）から給付された頭巾を着用し、二世（後世）を祈願していたという。

二十九日には梵才三蔵の房で先達の入宋僧である奝然《ちょうねん》と寂照《じゃくしょう》の来唐日記を見せてもらい、借りて書写した。それは楊億《ようおく》（九七四〜一〇二〇）の『楊文公談苑《ようぶんこうだんえん》』第八の十丁と十一丁の文章であった（『善隣国宝記《ぜんりんこくほうき》』永観元年

〔九八三〕・寛弘三年〔一〇〇六〕条にも引載）。日本情報として興味深い内容であるが、楊億によると、彼は史局にいた時に禁書である『日本年代紀』一巻と奝然の表啓一巻を見たといい、北宋の情報管理の一端が知られる。中天僧二人が来坐したので、茶・湯を点じ、丈夫国僧二人が来坐したので、点茶した。客省官人が来たので、先約通りに絹二疋を与える。三司の駅券を付託したところ、三司に伝送すると述べた。

三十日は卯時（六時）に通事を遣して「参五臺山慶悦表」（参詣のお礼言上）を御薬《ぎょやく》（御薬は官名）に進奉する。午時（正午）に通事が戻って来て、御薬が朝廷から帰宅するのを待っていたので遅くなったが、表文は受納していただいたとの報告であった。この表文は文恵大師に作成してもらい、定照筆受が清書したものである。未時（十四時）に使臣が来て、三司の駅券返還を求めたが、昨日に客省に預けた旨を伝える。昨日には法華法壇の板八枚を八百文、方木五枝を二百五十文で購入し、本日法壇を造り、造作料として百文を支払った。戌時（二十時）に堂を荘厳し終わる。三蔵が切望するので参向し、酒を喫した。珍菓十二種・菓五種・汁五度があり、飯も丁寧なものであった。

正月を迎える

熙寧六年正月一日になる。成尋は通事と弟子僧たちと一緒に卯一点（五時）から伝法院内の諸僧の房に新年の挨拶回りをし、茶湯の接待を受け、また諸大師も成尋の房を訪問したので、点茶してもてなした。未時（十四時）に広梵《こうぼん》大師（天吉祥）と上官一人・中天二人が到来、法華法壇を見て、その荘厳さに感歎する。申時（十六時）に梵才三蔵が来て、法華法壇を看た。惟観が新暦二巻・『天下《てんか》郡譜《ぐんぷ》五《ご》姓括《せいかつ》』（正月二十三日条には

『百姓名帖』とある）一部・『蜀程国図《しょくていこくず》』一帖と茶器十口を購入してきた。暦は六十文、茶器は百五十文であった。

二日には梵学大師真梵と定照が来て、法華法壇を看た。真梵は景徳寺の住僧で、右街僧録澄鑑大師法瑩《ほうえい》の小師《しょうし》（弟子）であるという。新来の中天国僧二人は皇帝から恵遠・恵寂、大天国僧二人は吉祥子・衆護という名をもらった。客省の承受《しょうじゅ》（承受公事）孫宣感《そんせんかん》が来て、成尋の門見（正月十三日の行幸時に実現）の奏を求めたので、草書の真名を注付して提出した。惟観らが暦一巻・『伝灯語要』三巻・『楊文公談苑』三帖・『百官図』二帖・『太上老君枕注経《たいじょうろうくんしんちゅうきょう》』一帖を購入する。これは五人の弟子が先行して帰国するのに備えて、日本に持ち帰る書籍の購入活動を行っていたことを窺わせるものである。

三日には三蔵が斎を送ってくれ、蘇州雍熙寺の賜紫僧戒月と定照が来たので、茶・湯を点じる。他寺の僧七人も来て、皆が法華法壇を看て随喜感歎したという。惟観は暦一帖・『京州図』一帖を購入して来た。四日は広梵大師天吉祥の来請があり、七人皆が参向し、王舎城《おうしゃじょう》（マガダ国の都）の現状などの話を聞くことができた。賜紫僧二人が来て法華法壇を看たが、どこの寺の僧かはわからないとある。広梵大師天吉祥は八字文殊曼陀羅・梵字不動尊・天台大師影等を見て、感歎してくれた。申時（十六時）に丈夫国僧一人が来て、丈夫国の袈裟を見せてくれた。それは両重《ふたかさね》の黄色七条で堵《しきり》が無かったと描写されている。

五日には五臺行者温仁《おんじん》等に銭五百文を与え、帰らせた。菩薩名簿（十二月二日条）の直《ちょく》（代金）である。人々も銭千文を与えた。また殿直劉鐸《りゅうたく》が来たので、絹一疋を与えた。三蔵の房で茶飲をし、丈夫国の漉水嚢《ろくすいのう》（水を漉す袋）を見る。五臺行者温仁と諸僧に各々百文を与えた。六日は典座《てんぞ》可道が斎に平茸煎を持参してくれたので、諸僧とともに喫する。通事は『本草括要』一帖・『注千字文』一帖を所持しており、医学の知識もあるようなので、『養生要集』一巻を与えた。戌時（二十時）に定照の房で薬酒を喫したといい、成尋も多少の飲酒を嗜むようになっている。七日は他寺の高僧八人が来拝したので、答拝した。天吉祥三蔵が一緒に来たので、茶を喫させた。戌時（二十時）に定照、次いで丈夫国二人・可道典座を請じ、それぞれに菓・酒を喫させる。

八日には他寺の高僧三人が来たが、行法中であったため起拝しなかった。次いで景徳寺の僧で慈氏大聖院主の行興が書状を出して来拝したので、茶・湯を喫させた。客省官人三人が勅賜の絹二十疋を持参し、請文《うけぶみ》（受領状）を求めたので、孫宣感が示した案文に即して写し与えた。但し、これは昨日の出来事であり、忘却していたので、八日の日記に記すという。三人には銭一貫五百文を与えた。次いで司家三人が来て、この勅賜に関連して銭の支給を要求するが、今回は司家の活動は無関係なので、与えない旨を返答しており、これは三蔵の指示によるものである。司家の貪欲ぶりと、それへの対処が窺われる。申時（十六時）に菓子十二種を用意し、中天竺の新来賜紫恵遠・恵寂の二人を請じ、茶・薬・湯を喫させた。九日は可道典座が斎に菜を送ってくれた。巳時（十時）に相国寺訳経正梵学宗梵大師恵海が来たので、茶・湯を喫させた。丈夫国の吉祥子も同喫した。他寺の賜紫大師等八人が来拝し、法華法壇を看て礼拝する。

皇帝の行幸

十日には他寺の僧十五人が来拝し、定照が茶を持参して喫させてくれた。正月の行事、賀詞の交換のようなものが行われていたと目される。文恵大師の房で梵才三蔵と共に喫茶、次いで梵才三蔵の房で茶・薬があった。百光房律師（園城寺の慶暹《けいせん》）作の『懺法略私記』一巻と『金剛頂経蘇悉地経官符』一巻を貸し出しており、(39) 日本人の著作への評価を求めたものと思われる。申時（十六時）に客省の官人二人が来て、十一日に皇帝の駕出があるので、成尋らと通事は内門の前でお迎えするようにとの通達があった。成尋は承知の旨の請書《うけしょ》（受領状）を返報し、使二人に銭各々二百文を与え、茶・薬を喫させた。内門への参向のための馬を準備する必要があり、行者（典座可道か）に馬九疋を借りる算段をしてもらい、馬主が来て先に三百文を受納し、残り六百文は後日に取りに来るとのことであった。宣旨文を三蔵に見せたところ、感歎し、丈夫国の吉祥子は宣旨文を梵義大師天吉祥に見せるために持ち帰った。酉時（十八時）に通事陳詠が朝見の場所を下見してくれたとあり、陳詠の役割が窺われる。

十一日はあいにくの雨で、成尋らと通事の九人は客省の官人とともに馬で南門の前廊に行ったが、安下処も設営されていたものの、この日の駕出は延期ということで、戻ってきた。午時（正午）には晴天になり、馬主に銭九百文を与えた（前日の三百文に加えて六百文で、計九百文の意か、あるいは六百文＋心付け三百文か）。未時（十四時）に客省官人一人が来て、駕出は十三日の予定と告げたので、官人に銭二百文を与える。梵才三蔵に成尋撰の『看観心注法花経』四巻・『大懺法』一巻・『懺法注抄』一巻、文恵大師には『懺法略私記』一巻・『金剛蘇悉地疏官符』一巻を貸した。十二日には客省の官人が来て、成尋らは太平興国寺の南門前で駕出をお迎えするようにとの通達がなされた。巳時（十時）に講堂の上階に登り花厳海会観音《けごんかいいかいかんのん》像を見て、また京内を眺望した。大宋新訳聖教の序と西天訳経三蔵の天息災等の謝表（皇帝の広恩に感謝する上表文）を見て、それを書写している。

十三日は卯一点（五時）に太平興国寺の南大門に参向し、辰一点（七時）に炊使供奉《すいしぐぶ》に拝謁して談話していると、辰二点（七時半）に駕出があった。成尋は皇帝行幸の様子を描写しており、「惣《す》べて供奉の人は幾万人なるかを知らず」と、その壮麗さを強調している。中門の前で朝見し、皇帝が入門したところで成尋は伝法院に戻ったので、皇帝の焼香作法は見ていない。未時（十四時）に御使が到来し、茶・菓を賜与された。成尋は三蔵と典座可道に表文を作らせて進上し、使臣に銭三百文を与えた。他僧には茶・菓の賜与はないといい、「日本僧は面目を施すのみ」という感想を記している。三蔵に菓子・茶を送付したところ、茶は返納されてきた。また五人の弟子たち、頼縁・快宗・惟観《ゆいかん》・心賢・善久が先行帰国するために明《めい》州に向かうこと、沙弥《しゃみ》長明の受戒許可を求めることなどの申文《もうしぶみ》を三蔵に作らせ、定昭が清書、司家に付託して陳御薬のところに届けてもらった。戌時（二十時）に丈夫国の吉祥子と典座可道を請じ、茶・菓・酒を喫させた。

十四日には少卿、梵義大師天吉祥、慈済大師の房に菓子と茶を送付した。国清寺の行者二人が来たので、茶を喫させる。今朝の斎時に三蔵が平茸・乳等の羹《あつもの》を送ってくれたので、「松本」に分与した（「松本」は成尋の弟子の誰かを指すと思われるが、ここでは未詳）。諸僧は太平興国寺の見物に行き、種々の舞楽・雅楽・女舞・童舞などは相国寺《そうこくじ》の元三日の見物と同じであったといい、こうした正月の風物詩が知られる。「松本」だけは出かけなかったので、羹を分与したと説明されている。皇帝は五岳観に駕出、次いで天清寺、相国寺に行幸し、夜半に還御したという。

十五日は月望で、辰時（八時）に慈済大師、次いで丈夫国の吉祥子、崇梵《すうぼん》大師などが来拝に来る。通事を使者として崇梵大師、広梵大師、道晃《どうこう》典座、定照の房に菓子・茶を送った。六人の僧（「松本」を除いた弟子たちのこと）は興国寺に行き、大皇大后・皇太后・皇后の焼香を見たといい、その様子を成尋に伝えている。聖秀は留守番をして行かなかったとあるので、先に未詳とした「松本」は聖秀を示すことになると思われる。

弟子たちの出発準備

十六日は梵義大師（広梵大師天吉祥）が蘿蔔《らふく》（だいこん）を送ってくれたので、諸僧にも分与した。司家の永和ら二人が来たので、各々に一貫の銭を与える。金山寺の継蔵《けいぞう》が来拝し、二月に西京（洛陽）に向かい、三蔵真身を礼拝する旨を告げた。三蔵が来たが、行法の間であったので会わなかった。十七日には梵義大師が蘿蔔を送ってくれ、定照が好《よ》いお茶を持参して諸僧に喫させてくれた。次いで三蔵の房に参向して茶を喫した。丈夫国の吉祥子が来て、天竺の受戒や施物の様子を話してくれた。成尋は「日本の作法と似ず」と記している。

十八日には頼縁に三部印信《いんじん》中の蘇悉地印信、また両界五仏種子梵字の十字の書写を許可した。前者は定照に書写してもらい、後者は中天竺の人ということで、梵義大師天吉祥に書写してもらうことにし、ともにそれぞれの房に行き依頼したといい、これは先行帰国する弟子たちが日本に将来する品々を準備する作業の一環と目される。梵才三蔵の房から来請があり、参向して茶を喫する。斎時に梵義大師が餅淡《へいたん》（もち・だんご）と両種の蘿蔔を、梵才三蔵が平茸の煎物を送ってくれた。五臺山の石製の銚子一口を定照に送与した。中天竺の恵遠が談話の際に、皇帝から祈雨の成果によって全羅綾絹の紫袈裟と単衫《さん》・裙《くん》を賜与された旨を話した

（後述の成尋自身の祈雨への布石を示唆する叙述か）。その他、太平興国寺の楽声、相国寺・天清寺・啓聖寺の楽声など、正月の例事である上元節《じょうげんせつ》（正月十三日〜十五日）の様子などの風聞が記されている。十九日には少卿が成尋ら八人を請じ、茶・湯を喫させてくれた。次いで通事とともに丈夫国の吉祥子の房に行き、丈夫国への行程などを質問している。梵義大師が蘿蔔《らふく》を送ってくれた。

二十日には斎の後に弟子たちが相国寺の浴堂に行ったが、頼縁は行かなかったので、通事に薪を送らせ、沐浴させる。成尋は既に沐浴を畢《お》えていたという。定照が酒・菓子・風薬を送ってくれた。午時（正午）に入内内侍省供奉官が皇帝の命で到来し、五臺山でどのような霊相を見たかを尋ねられる。成尋は通事を介して中臺の上に五色の光が現じたと答えている。また往還の賓待の有様を尋ねられたので、「皆以て志《こころざし》丁寧なり」と答え、特に大原府の龍図閣学士の劉庠《りゅうしょう》の応接ぶりが丁寧であったと報告している。また今後の予定を尋ねられたので、「花水《かすい》（桃花が咲く三月）を待ちて台州天台山に赴き、十二処道場一々数十日秘法を修行し、聖応《しょうおう》を求めんと欲す。其の後、明後年に事の由を奏して入京し、また五臺山に参りて臺頂毎に九旬仏道を修行し帰京す、是れ本意《ほい》なり」と述べ、天台山への帰還と修行、二年後の上京と五臺山再訪を希望する旨を説明している。通事が五臺山への往還の在路中には降雪がなかったことを強調して報告すると、供奉官は感喜の様子であった。大卿・少卿・三蔵も同席して点茶し、三蔵は成尋が「六・七年常坐して臥さず、希有の人なり」であると付言してくれた。皇帝の指示により、皇太后御経を進上する。

二十一日は衡慶院《しょうけいいん》住持の賜紫尼子恵から明日の斎請（斎への招待）があり、成尋ら八人を招くという。三蔵の指示により使者の行者に銭百文を与える。司家三人が来て、弟子五人の帰郷と長明の受戒の宣旨を見せてくれた。御薬李舜挙《りしゅんきょ》は他行していたので、権勾当の陳遂礼《ちんすいれい》に申し下したという。司家に銭一貫を与えたが、前後では銭十貫・絹六疋を与えていると記しており、司家の貪欲さを示唆する記述になっている。三蔵が来たが、剃頭中であったので談話しなかった。二十二日は辰一点（七時）に馬九疋を借りて、成尋ら八人と通事が子恵の斎処に向かった。少卿、梵才三蔵、梵義大師、中天の恵遠・恵寂、丈夫国の吉祥子・衆護も同道した。到着すると、大卿も来会していた。席次・斎会や賜銭など斎の様子が描写され、大卿・少卿・成尋の三人には特に単衣・金綾腹帯が賜与されたという。午時（正午）に帰還、馬九疋の代金に九百文を支払う。通事は斎の賜銭で薫陸香《くんりくこう》を買い、焼香料に充当した。客省の孫宣感が来て、弟子五人の帰郷に際して、朝辞を申請すべきこと、その日程の希望などを尋ねられたので、二十七日がよい旨を返答する。先日の約束により、絹一疋を与えた。三蔵の房に行き、この子細を報告する。

二十三日には三蔵が茎立《くきたち》（すず菜、だいこん、かぶなど茎立菜）を送ってくれた。日本への消息を惟観・心賢に預ける。(40) その由来と分配先は次の通りである。

泗州大師影一鋪…船頭曽聚《そじゅう》がくれたもの→日本に送る
五百羅漢像一鋪…梵才三蔵がくれたもの→日本に送る
百官図二帖・百姓名帖・楊文公談苑三帖八巻・天州府京地図一帖・伝灯語要三帖→宇治御経蔵に奉納
法花音義一巻→大雲寺経蔵に奉納
唐暦一帖・老君枕中経一帖・注千字文一帖→日本左大臣殿（藤原師実）に進上
暦一巻→民部卿殿（藤原俊家）に進上

寒山詩一帖・暦一巻↓治部卿殿（源隆俊）に進上
永嘉集一巻・証道歌注一帖・泗州大師伝二巻・広清涼伝二帖・古清涼山伝二巻・入唐日記八巻↓石蔵《いわくら》（岩倉大雲寺）経蔵に送る

二十五日は小典座可道が斎に茎立を持参してくれた。三蔵の行者が十六羅漢像十六鋪と釈迦像一鋪を持って来たので、直銭十貫四百文・絹三疋、計十四貫（絹一疋が一貫二百文ということか）を与えた。これは石蔵に送る分である。通事陳詠に食料の絹一疋を与えたとあり、陳詠はこれを交易して銭と交換して食料を購入するのであろう。伝法院の倉から五百羅漢の模印（板木）を借り出し、弟子七人が各々一〜二本を摺《うつ》し取ることになり、三蔵が来て、四人分の料として好《よ》い紙十六枚を与えたので、成尋も好い紙と打紙《うちがみ》（木槌で叩いて光沢を出した紙）を与える。左街景徳寺慈氏大聖院の比丘雄戩《ゆうせん》が来拝した。天台山大慈寺普賢懺堂《せんどう》の住僧で、日本の元燈《げんとう》和尚（寂照とともに入宋）の弟子とのことである。客省承受の孫宣感が弟子五人の日本への帰国のための明州牒と沿路州県駅券使の文書三通を持参した。成尋は皇帝の広恩に感じ入るとともに、これらの文書を書写して書き留めている。

二十六日には梵義大師が菜二坏を送ってくれたので、諸僧とともに喫した。崇梵大師の小師（弟子）の景福が諸僧を請じて茶を喫させてくれた。次いで梵義大師も茶・湯を喫させてくれた。三蔵の房に行き、点茶する。『父子合集経《ふしごうじゅきょう》』の梵本を見せてもらう。これは天竺の貝葉《ばいよう》で、成尋は「最も優美なり」と評している。司家三人が来て銭を乞うので、弟子たちが銭一貫を出して与える。供奉官が皇帝の命によって来たが、通事が出かけて不在であったので、筆書して、日本に帰国する五人は何日に出発するのかを尋ねられ、また日本の天皇に送付する物品を弟子たちに付託するのがよいことなどを告げられた。成尋は二十九日に出発希望の旨、但し、使臣の到来を待って出立すること、および送付の物品付託許可に対する感謝の念などを筆答し、供奉官はこれを懐中に入れて持ち帰った。

朝辞と弟子たちの出立

二十七日は寅一点（三時）に弟子五人と通事が朝辞のために参内した。小典座可道が斎に平茸の煎物を送ってくれた。午時（正午）に五人が戻って、朝辞の様子を報告する。五人は紫衣《しえ》と各十疋の絹を賜与された。五人は大卿・少卿・三蔵・梵義らの房に列参し、拝賀した。成尋は弟子五人に銭五百文を与えた。絹五十疋を持って来た客省の下部《しもべ》三人に各々百文、客省の上臈である孫宣感ら三人に絹一疋半、司家三人に銭一貫、房を装束した下部一人には銭二百文を与える。五人が紫衣を賜与されたことについて、院内の諸僧は感歓極まり無しで、これは皇帝が成尋を大切に思ってのことだともてはやされる。成尋も「院中の老宿等も多くは黄衣を着せば、今小師五人、紫を着するは、是、希有の事なり」と認識している。申時（十六時）に客省の孫宣感が来たので、絹六疋半を与える。通事は固辞したが、絹五疋を与えた。典座二人には各々絹一疋、行者二人には各々銭百文を与えた。惟観が丈夫国の行者に褐衣《かちえ》三件を与えた。新出家料（新たに出家する人への賜与分）として吉祥子が要望したためである。行者が来拝した。三蔵も来悦した。紫衣賜与に関して、『楊《よう》文公談苑《ぶんこうだんえん》』を引見すると、寂照の従衆も皆紫衣をもらっており、成尋の弟子五人に紫衣賜与があったのは、殊更に成尋を大切に思ったためではなく、寂照の先例に倣ったものであることがわかり、成尋はやや落胆する綴述《てつじゅつ》ぶりになっている。(41) 慈済大師の来請があり、茶・菓・薬・珍膳が供せられ、小飲した。三蔵の来請があり、茶・菓と小飲があった。

二十八日は伝法院の倉から達磨《だるま》六祖の模印（板木）を借り出して摺し取った。定照が原紙として絹紙九張を志与（心づけを含む贈呈）してくれたので、三鋪の分に充当する。三蔵が十五張を弟子五人に充当し、五人も摺し取った。二十九日には御薬が別使を遣し、伝法院牒を送ってくれたので、その全文を書写している。また使臣の王宗彦《おうそうげん》が来て、宣旨の文を見せてくれたので、それも書写している。少卿が五人が紫衣を賜与された悦びのために来たので、点茶した。文恵大師が来て、『古清涼山伝』二帖を返却したので、これを日本に送付して治部卿殿（源隆俊）に奉ずることにする。また『釈迦仏牙頌』一鋪を志与してくれたので、これは宇治殿（藤原頼通）に奉ることにした。客省の官人が来たので、弟子五人が計銭五百文を与えた。達磨六祖影二張《はり》を日本に送ることにし、一張は石蔵、一張は宇治殿に進上する。文恵大師の房に向かうと、自身の影像を懸けていたといい、後に成尋も影像を制作してもらうので（巻七熙寧六年三月二十三日条〔392〕、巻八四月一日条〔400〕など）、その布石を窺わせる記述になる。

三十日には定照大師自ら、あるいは行者に持たせて汁・菜を送ってくれた。午時（正午）に陳御薬が到来し、宣旨により通事陳詠に規定外に毎日妻子食として銭二百文を給付する旨を伝え、正月二十七日から二月十日の分として二貫八百文が下付された。これは皇帝の思し召しで、成尋を重んじるためであるといい、成尋は皇帝の恩を意識することになる。陳御薬が院内の雑事を指図して帰ろうとする間、少卿・三蔵・梵義と最近太平興国寺に到来した梵字名を持つ西天新来二人・丈夫二人が成尋の房に来たので、茶・湯を点じる。

陳御薬は大天国の二人の名を写し取って参内した。一人は莽誐羅補坦《ほんがらほたん》、一人は生僧伽羅叱多《しょうそうがらしった》という。三蔵が来て、通事に対する銭の賜与を悦んでくれた。十三日の上元節の茶・菓に関して、文恵大師は不在であったのでまだ志送していなかったが、本日解院《げいん》から戻ってきたので、菓を送付したところ、返信があり、それを書き留めている。

二月一日になり、今日は朔日の朝拝で、互いに房々に参向し合うという。崇梵大師・慈済大師が来たので、茶を喫する。斎時に梵才三蔵が茎立を送ってくれた。梵義大師の来請があり、参向して喫茶する。申時（十六時）に入内内侍東頭供奉官の張士良《ちょうしりょう》が使臣として到来し、日本の天皇に金泥法華経・錦二十疋を志送する旨を告げられた。日が暮れていたので、受領の表文は明日進上すると返答する。院内の諸大師・司家らがこれらの物品を見物に来て、感歎することしきりであった。二日に供奉官の使人が来たので、受領の表文を進上し、使人に銭百文を与えた。未時（十四時）に監使御薬が来たので、お会いする。使臣王宗彦が来て、二月五日に五人の弟子たちは出発することを約束した（実際には八日に出立）。三司券、客省牒等三通も丁寧なもので、弟子たちの出発が近づいていることがわかる。御薬に会うと、丈夫国二人に銭四十貫を下付したという、これは梵義大師等の上奏によるもので、来宋して十年になるのに銭の給付がなく過日上奏したものである。新来の中天二人は本国に帰る旨を上奏したとのことであった。

三日には蔡諫議《さいかんぎ》から斎への請書《しょうしょ》（招待状）が届いたので、使者に銭百文を与える。なお、この請書には成尋にのみ紫衣、弟子たちは褐衣と記されており、紫衣賜与の位置づけ・情報伝達如何を考える材料として注意しておきたい。四日の辰一点（七時）に馬五疋が到来、成尋・頼縁・惟観・長明の四人と通事が斎に参向する。快宗・聖秀・心賢・善久は疱瘡により不参であったという。上述のように、この日は弟子五人の出立予定日であったが、彼らの病気もあって、出立は八日に延期されている。斎の様子が描写され、布施については成尋に絹二疋、三人の弟子は各々一疋、通事には大瓶酒一瓶が給付された。斎の中間に朝廷から菓子・精進物が到来する。蔡諫議は受領の書状を進上し、使者に銭一貫を与えており、成尋は「最も止《や》んごと無き人と云うべし」と評している。成尋は帰還後に馬の代金を支払った。

五日は梵義大師が菜を、六日には定照が菜・汁、三蔵が汁を、七日には三蔵が菜・汁、梵義大師が茶を送ってくれた。そして、八日は辰一点（七時）に頼縁・快宗・惟観・心賢・善久が先行帰国のために明《めい》州に向けて出立する。使臣・兵士なども随行するとあるが、このあたりの記述は淡々としている。成尋は正月二十三日に『入唐日記』八巻を惟観・心賢に付託しており、この開封からの出立の場面は、六月十二日に弟子五人が日本に出帆する際にその後の日次記《ひなみき》を加筆したものを付託した現行の『参記』に記されたところであるから、その後の部分の記述ぶりは、現存の『参記』の成り立ちを考える材料となるものである。(42)

七　再び開封での日々（下）

（延久五年〔一〇七三＝宋・熙寧六〕二月九日～四月十四日）

伝法院での交流

二月九日は伝法院内に到来した将軍の斎があり、巳時（十時）に参向し、成尋ら四人と通事の五人は先に茶・湯を喫した。例の如くに日本の作法を尋ねられたので、通事を介して答える。十日は斎時に定照・梵才三蔵が菜・汁を送ってくれた。本日は終日、三蔵の房から菓子・菜等が送られてきた。十一日は斎時に三蔵が菜、文恵大師・定照が菜・汁を送ってくれたので、通事にも分与した。十二日には大相国寺三覚院の講経論伝戒賜紫の善湊《ぜんそう》が斎請を送付してきたので、受諾の旨を伝える。しかし、十三日になると、咳嗽《がいそう》（せきと痰）になり、斎請を辞退する旨を送った。斎時に三蔵が菜・汁、申時（十六時）には薬食《やくじき》を送ってくれた。三蔵は毎日送ると言ったが、成尋は「本《もと》より非時を用いず」という原則を遵守するため、通事を介して送付はやめてもらうように依頼したという。十四日には斎時に定照が菜・汁を送ってくれた。午時（正午）に三蔵が善湊の斎所から銭五百文・衣服一領を持参し、書状で善湊からの伝言を示してくれた。斎の施物であり、聖秀・長明にも各々五百文と絹手巾が送られてきた。銭百文で沐浴したといい、咳嗽は回復傾向にあったと思われる。

十五日は恒例により諸房に参向する。文恵大師と慈済大師は数度来向した。斎時に三蔵が汁、梵義大師が菜を送ってくれた。三蔵が蔵本の『諸教壇図』一巻を送って見せてくれる。『金剛界諸尊別壇図』で、奥書には長興三年（九三二）四月に日本国持念弘順大師賜紫寛補《かんぽ》（寛建とともに渡海）が洛陽敬愛寺で書写した旨があり[43]、さらに太平興国五年（九八〇）・熙寧四年（一〇七一）の奥書があった。十六日には斎時に梵義大師が菜を送ってくれたので、成尋・聖秀・長明の三人で喫した。三蔵が辰砂丸十五粒を送ってくれる。嗽の良薬で、一服に七粒、寝る前に生薑《しょうが》湯で呑み下すのであるというが、三蔵が酒一瓶子を送ってくれたので、今夜は酒で七粒を服用した。十七日には斎時に三蔵が羹、斎後に文恵大師が茶を送ってくれた。三蔵が来て、数剋談話する。万歳院講律の恵道・宗泰・徳珠三人が持律僧二人を使者として『四分羯磨《しぶんこんま》』二帖・『四分含注戒本疏』六巻・『行事抄会正記《ぎょうじしょうかいしょうき》』七巻を借送してくれた。使者に付託して『律行相』一帖・『律要私抄』一帖・『行事抄』六巻・『南海伝』四巻を貸与したといい、成尋の対抗心を窺わせる。三蔵が茶を送ってくれたので、喫した。

十八日は辰時（八時）に三蔵と文恵大師が来て、一緒に太平興国寺の浴堂に行く。朝廷が温室《うんしつ》（蒸し風呂）を施したもので、良供奉が勅使となり、道俗の人々が出入している。梵義大師が茶を送ってくれ、沐浴した。十九日には三蔵が散薬を送ってくれたので、人々に分与した。四明《しめい》の汪鎮《おうちん》が来拝する。秀才及第の人であるとのことである。入夜、定照が梨・茘（ライチ）を持参し、文恵大師が茶を送ってくれた。二十日は斎後に梵義大師が茶を送ってくれる。三蔵が来坐し、『四分注本疏』の印板が興国寺の戒蔵に納められているので、摺本を購入すべき旨を教えてくれた。二十一日は斎時に定照が菜を持参し、次いで行者に羹を送らせる。斎後には文恵大師が茶を、申時（十六時）には平茸の羹・茎立を送ってくれた。二十二日は講堂にて集会して訳経が行われた。太平興国寺と他寺の人々に斎があり、斎後に『父子合集経』第四巻を読み終え散会となる。大卿・少卿・三蔵・梵義大師天吉祥と綴文《てつぶん》二人・筆受《ひつじゅ》二人・証義《しょうぎ》八人が訳経の参加者で、読人は証義文正（巻四・十月十四日条〔235〕によると、報恩寺僧で、訳経証義講経論賜紫）である。『南岳七代記《なんがくしちだいき》』を持って文恵大師の房に行き、達磨が魏に来たのか梁に来たのかを確認するために、『年代記』を見せてもらおうとしたが、文恵大師は詩を書き与えて示してくれたものの、『年代記』は人に貸しているので、近日中に看《み》せてくれるとのことであった。茶・湯を点じてくれ、三蔵も来坐した。

二十三日には斎時に定照が羹・菜を、次いで茶を送ってくれた。戒壇院から使者があり、沙弥祠部《しぶ》（出家の官牒）を問われる。三蔵も来たので、日本には祠部がない旨を答えたところ(44)、使者は承諾して帰った。申時（十六時）に三蔵の来請があったので参向し、通事陳詠が日本に渡航するために小船を買う必要があることを述べた。このため成尋は陳詠に唐絹二十疋を与えた。また銭二十五貫を交易して上品の麝香《じゃこう》十三臍《せい》を買い、これは日本で売れば米五百石になるという話をすると、三蔵は感歓し、茶・湯を出してくれた。論得（研鑽して解明・納得することか）した『心地《しんち》観経理懺悔《かんきょうりざんげ》文《ぶん》』を三蔵に献呈したところ、合掌礼拝し、ともに一仏浄土に生まれたいと述べ、涙を拭うこと数度、成尋は「道心の者と云うべし」と評している。

二十四日には斎時に定照が羹・菜、次いで茶を送ってくれた。定照が通事を介して、借用していた新羅提《ささげ》（提香炉または火舎か）一口について、直絹一疋で永給して欲しい旨を述べたが、志献の由を伝えたので、来悦のために到来した。文恵大師が達磨大師に関する勘文《かもん》（調査報告書）を送ってくれた。大相国寺東経蔵戒律院の円則座主が来て、定照を介して、成尋から法華法を受法したいとの懇願があり、二十六日に授法する旨を約束した。定照が胡文三枚と唐朝の徐結学士が書いた『金剛般若経本』四枚を志与してくれた。成尋はこれらを日本に渡すべきものと考えた。二十五日には斎時に定照が汁・菜、次いで茶を送ってくれた。成尋は天台山に帰る奏状を作り、三蔵の房で見てもらったが、特に添削はなかったので、定照に清書してもらうことにする。三蔵が定照に経蔵を開けさせ、当今新訳経の『福蓋正行所集経《ふくがいしょうぎょうしょしゅうきょう》』一部十二巻・『父子合集経』二巻（第一・二巻）を送ってくれた。成尋は奥書をいちいち書写し、「益無き事と雖《いえど》も、毎年二、三巻訳出し進奉せり、此の由を知らんが為にこれを委記するのみ」と述べており、日本に宋の訳経の一端を知らせる意図が看取される。

二十六日には斎時に定照が汁・菜を送ってくれた。相国寺の円則座主が来たので、法華法を授法した。『儀軌《ぎき》』一巻・『次第』二巻・『形像儀軌』一巻・『梵字図曼陀羅』一紙を貸与し、早々に書写するように指示した。円則は受法の初・後には坐具を敷いて各々三度礼拝した。三蔵に智証大師の『大般若開題』一巻を貸与した。二十七日には斎時に定照が汁・菜を送ってくれた。『父子合集経』二巻を拝見し終わった。丈夫国の梵本法華経を見る。貝葉で、長さ八寸（約二四・六センチ）、広さ二寸五分である。『父子合集経』は翻訳が終了した巻二十五までは貝葉で四十枚、多羅葉の文は少ないけれども、漢字訳出の枚数は多いといい、訳経の一端を示している。

二十八日は斎時に三蔵が乳羹・菜、小典座が羹を送ってくれた。三蔵が来て、数剋の間『古今遍集図』を成尋に見せて房に帰り、来請があったので参向すると、点茶すること両度であった。定照が『古今遍集図』

一帖を志与してくれた。講律の恵道和尚が『六巻抄』『律要私抄』『律行相』『南海伝』を返送してきたので、使者に成尋が借りていた『含注本疏』六巻・『会正記』十二巻・『四分羯磨』二帖を付託して返送する。この三経書は要書であるが、天台山に帰る日が近づいているため、書写して日本国に送ることができないとある。天台山に帰る申文を定照に清書してもらい、司家の永和に付託した。入夜、三蔵の来請があり参向すると、珍菓・酒・茶が供された。三蔵の言では当地では慈恩宗（法相宗）を学ぶ者が多く、三蔵も慈恩大師窺基《きき》の『法華玄賛』を学んでいるとのことであった。成尋が『摂釈《せっしゃく》』『鏡水抄』の有無を尋ねると、無いとのことなので、契丹僧が作った、『法華玄賛』の釈義である『詮明抄《せんめいしょう》』を志与した。三蔵が「八解脱」「大小乗観」の違いを問うたので、天台宗の解釈で説明したとあり、法門問答の様子が知られる。

二十九日は斎時に定照が平茸の煎物・同羹を送ってくれた。司家三人が来て、天台山に帰る申文の件で銭を乞うので、近日中に与えることを約束する。定照が梵字々母石の摺本である御篆天竺声字母梵書序《ごてんてんじくせいじぼぼんしょじょ》を持参して看せてくれた。定照が経蔵を開け、自分で中に入って新訳経四百余巻を見て、一帙を借り出した。成尋は『仏母宝徳蔵般若経』一部三巻を読み終わったので、新作の目録三帖を借り出して見ると、上・中巻は『開元録』（智昇撰『開元釈教録』）と同じで、下巻は真言の経典であった。梵才三蔵が来て、成尋から借りていた法門等を返却する。(45)また『福蓋正行所集経』の訳出の草稿一部十二巻と自作の法智大師の碑文を志与してくれた。

沙弥長明は伝法院の沙弥三十余人とともに太平興国寺戒壇院に行き、銭二百三十文で沈香・薫陸香を購入する。本日は終日、明日の受戒作法を学び、礼仏焼香し、明日の受戒までは戒壇から出ないという。明日は官家の沙弥の斎があり、その後に受戒するということである。聖秀が戒壇に行って様子を見て来て言うには、諸寺の沙弥百余人が並び立ち、礼仏すること五十遍、その後に官人がそれぞれに戒牒を与える。官人は尚書の官人とのことである。僧三人がいて、種々の事柄を教えている。日本の沙弥を上臈《じょうろう》としており、伝法院の沙弥には衣櫃・煎茶具を持たせ、大儀式は戒壇にて行われたという。申時（十六時）に戒壇主の和尚がまず文状を出してから到来した。紫衣の僧七人も同じく来て礼拝し、法華壇を看て帰った。次いで文恵大師が来坐した。

宮中での祈雨

三月一日になる。卯二点（五時半）に少卿・三蔵・広梵大師・崇梵大師・文慧（恵）大師・慈済大師のところに参向し、湯を点じられた。戻って行法に入ってから、少卿・三蔵・文慧大師・中天二人・丈夫国二人が来向したが、奉謁しなかった。斎時に定照大師が汁・菜を送ってくれた。三蔵の房から来請があったので、参向すると、広梵大師・中天竺二人・丈夫国二人も参来し、銀器で点茶すること両度であった。自房に戻る際に定照大師の房に立ち寄ったが、出かけていたので会えなかった。三蔵が左街崇福院の講経賜紫尼恵饒《えぎょう》の三月六日の大相国寺での仏牙供養の案内と斎請を持参して来坐したので、使の行者に銭三十文を与えた。施護訳の『了義般若波羅密多経』一巻・『聖仏母般若波羅密多経』一巻を拝見し、要経なので書写して日本に送ることにする。大相国寺の賜紫有孚《ゆうふ》が来坐するが、二十歳くらいの若い僧であった。未時（十四時）に内裏より御使供奉官が到来し、大内後苑での祈雨《きう》への勤仕について打診があったので、受諾の旨を伝えると、後苑からも伝達が届き、受諾の旨を伝えたが、この時点では何日から参修するのかは不明であった。

二日には辰時（八時）に祈雨粉壇《ふんだん》の請書が届いた(46)。本日から参修すべしとのことで、成尋を含めた高僧二十三人が看経《かんぎょう》祈雨することが判明する。成尋は法華法を修することにし、使者に銭二百文を与えた。道具などを準備していると、催促のために再び使者が来たので、五十文を与える。祈雨には水天法倶梨迦龍《くりかりゅう》を修すべきであるが、光宅寺の法雲法師《ほううん》（四六九～五二九）の法華法による降雨の故事に基づいて、成尋は法華法を修すると記している。また「偏《ひとえ》に菩提を求めんが為に聖跡を巡礼し勝地を尋ねて来れば、須《すべから》く固辞すべきも、而して無涯の朝恩を蒙らば、将《まさ》に何を以て報いんとするか」と述べ、皇帝への報恩のために祈雨に参加するとしている。申時（十六時）に皇帝が後苑瑤津亭《ようしんてい》道場に来駕し焼香する。皇帝は法華壇を拝し焼香し、成尋とは一間の距離で、赤衫《せきさん》を着していたという。成尋にお声がけがあったのは「希有の事」であり、還御の際には万歳を唱えた。入夜、法華法を開始する。

三日には殿上人《てんじょうびと》・公卿らが多く法華壇を見に来た。当地では華厳《けごん》宗・法相《ほっそう》宗・律宗の僧侶が多く、天台宗の人はいないので、珍しく思われたのであろう。未時（十四時）に皇后たちが来駕する。成尋は「一には後の五百歳に一乗流布の時、法花勝利を顕《あらわ》していよいよ一乗を信ぜしめん。二には皇帝の広恩に報いんが為に、必ず法験を顕さんと欲す。三には前々大師等日本より来り給うに、未《いま》だ此の如き事有らず、小僧始めて此の事有れば、本国の為に験《げん》無きは大いなる恥辱なり」という三つの理由から三日間での祈雨成功を心に決し、申時（十六時）に皇帝が行事太保を派遣して尋ねた際に、三日以内に必ず降雨があると宣言してしまう。午時（正午）からは多くの龍頭等の船を荘厳して、船楽・競船《きょうせん》など種々の遊戯を行っている。龍王に雨を祈る手段が尽くされている様子が知られる。

四日にはまだ雨気がなく、成尋は本日が三日目になるので、「本尊・諸尊、助け成し給うべし」と心中祈願した。辰時（八時）に念誦の間に眠ってしまったが、赤龍・青龍が天に上る夢を見たところ、未時（十四時）に大雨があり、さらに精魂を込めて祈雨を続けたので、終夜甚雨になった。五日も辰時（八時）まで大雨であった。巳一点（九時）に皇帝が来駕し、成尋の法華壇を焼香礼拝し、還御の際に御輦を止めて太保を使として、成尋に「雨大いに下れり、最も感悦と為す」と告げ、聖秀《せいしゅう》等を召し出して同様にこの悦びを仰せられたという。午時（正午）に珍菓等を賜与され、諸僧とともに喫する。太保が来て、今日から七日間、龍王等を法楽し、十二日に結願する旨を告げた。未時（十四時）から大雨になり、終夜甚雨であった。

六日も大雨である。巳一点（九時）に行事の太保と乳母子（皇帝の乳兄弟）の太保が来て、御母（皇帝の乳母）が一斎を儲けてくれるというので、成尋は「今より以後は寿福を祈禱すべし」と謝意を示した。行事太保が雨はもう充分で、止雨を祈るべき旨を告げたので、止雨を祈ると、申時（十六時）から晴天になった。子時（零時）に太保が来て、祈雨の結願を告げ、成尋は中国の作法を知らなかったが、その宣告に従った。巳時（十時）に太清楼の東庇で沐浴したが、これは成尋が行水したいと言ったところ、天聴に達し、この皇帝の涼所で沐浴させる由の宣旨があり、衣冠の官人が湯を運んでくれたのであった。七日には行事太保が成尋に「何ぞ宮中を回見せざるや」と尋ねたので、「此の六日頭を剃らず、鬢髪極めて白し。これに因りて亭外に出でず」と答えたところ、皇帝が宣旨を下し、明日（実際には九日になる）に剃頭人を派遣すると告げられた。内裏に入る人は小刀・剃刀を持参しないので、それを遵守していたためである。上臈の閻《えん》太保が「八龍は苑池に投ずべし。壇上の道具は共に池に入るべきや否や」と尋ねたので、成尋が「更に以て用いず」と答えたところ、大笑いされたといい、同様のやり取りは朝に行事太保との間でも交わされており、「大略は皇帝の戯言か」と記されているが、これは成尋が高価な道具類を自分のものにしようとする我欲のなさを示すものと考えられる。但し、日本では僧侶は布施を賜与されるものの、道具類を持ち帰ることはないので、同様に行動したまでであるとも思われる。僧録の文鑑大師の勧めにより、茅《かや》製の八龍を苑池に投送すべき旨を進奏する。

　行事の張太保が成尋に日本の祈雨の様子や成尋の法力・立派な振る舞いを称賛する問答があり、長文にわたるが、興味深いので、読み下し文のまま掲げておく。

　問いて云く、「日本国にまた闍梨《じゃり》の如く祈雨して感応を得る人有るや否や」と。答えて云く、「多々なり。就中《なかんずく》、真言宗の祖師弘法大師諱は、空海唐朝において青龍寺恵果《けいか》和尚より請雨経法《しょううきょうほう》を伝え受け、本朝に帰るの後、官家の請に依りて神泉苑《しんせんえん》において請雨経を修せり。時に修円《しゅうえん》僧都、嫉妬の心を成し諸龍を駈して水瓶に納めたり。而して弘法大師の祈雨壇上の茅龍、堂上を穿ちて天に登りて大いに雨降れり。後年また祈雨法を修す。神泉苑の池辺の石の上において、金色の龍、黒龍の背に乗りて出現す。弘法大師并びに弟子の高僧実恵《じつえ》大僧都・真済《しんぜい》僧正・真雅《しんが》僧正・真然《しんぜん》僧正等十人同じく金色の龍を見るも、余人は見ず。大師云く、『此の金色の龍は、是、无熱池《むねっち》（阿耨達池《あのくだっち》）善如龍王の類なり』と云々。其の後に大いに雨普《あま》ねく下《ふ》れり。其より以来、真言宗は此の秘法を修せば、必ず大雨を感ず。近五十年を来見するに、仁海《にんかい》僧正、此の法を修して、毎度雨を感ずれば、世に雨僧正と云う。其の弟子現に有り。成尊《じょうそん》僧都、請雨経法を修して大雨を感ず」と。張太保重ねて問いて云く、「闍梨は何ぞ請雨法を修さずして法華経法を修せしか」と。答えて云く、「成尋は真言宗に非ず、弘法大師の門徒に非ざれば、請雨経法を学ばず。真言宗中にはなお此の法を伝うる人両三人あるも、深く口伝《くでん》を秘せり。況《いわ》んや他宗においてをや。成尋は、是、天台宗智証大師（円珍）の門徒なり。祖師は青龍寺法全《はっせん》和尚より真言の秘奥を究学し、水天祈雨秘法有り、倶哩迦龍《くりかりゅう》祈雨法有り、智学伝受す。而して法花法を修せる所以《ゆえん》は何とならば、唐朝光宅寺雲法師、法花経を講じて雨を祈り、薬草喩品《やくそうゆほん》の『其の雨普ねく四方に等しく倶《とも》に下る』の文に至りて、大いに感じて雨降れり。しかのみならず法花を誦する人、雨を感ずるは其の数有り。況んや八大龍王は皆爓《えん》浮提《ぶだい》に雨を降らすべきの仏勅を蒙りて、若干の眷属、法花座に在るにおいてをや。此の曼陀羅《まんだら》の中に諸龍王を列す。これに因りて此の法を修して雨を感ずるなり」と。太保また問いて云く、「闍梨の如くに感応を得る人、日本には幾人あるか」と。答う、「成尋より勝《まさ》れる人は数十人、等輩《とうばい》の人は数十人なり。成尋に至りては日本国无智无行亜羊僧（愚者で取るに足りない僧）なり。天台・五臺を巡礼する本意《ほい》有るに依りて深《ひそ》かに参り来る所なり」と。太保また問いて云く、「闍梨のいう所は頗《すこぶ》る以て信ぜず。唐朝近来雨を祈るは、大卿西天日称三蔵なり五十二日にして雨下る、中天恵遠・恵寂去年新来の二人なりは去年祈雨して第七日に至りて雨下れり。未だ曽《かつ》て聞かず、三日にして大雨を感ずるとは。諸大師等と諸宗義を問答するに、闍梨皆勝計《しょうけい》するなり。闍梨と等輩少きか。況んや和尚に勝れる人においてをや」と。答えて云く、「受戒の後、未だ曽て虚妄せず」と。問答の文字、懐中に入れて還り参ること已に了んぬ。小行事司家来れり。護摩壇等の茶垸器等は員《かず》に依りてこれを返上す。諸大師等見て感じて云く、「大卿は金銀器を以て壇上に置き皆取り領《おさ》め、耳鐺《じとう》（耳飾）手環《しゅかん》（腕輪）金も収め領む、況んや垸器においてをや。闍梨は塵を離れて清浄なり」と云々。

成尋の得意満面の様子を如実に示すものである。なお、成尋が不用と述べた道具類はちゃっかりと祈雨担当の司家が運納しており、彼らの貪欲さを際立たせる叙述になっている。

八日には謝雨粉壇道場の開啓文と祭文二通を書写した。国の婆々（皇帝の乳母）と管勾《かんこう》の馮《ひょう》供奉が種々の珍菜・菓子を送ってくれたので、諸僧が喫する。間断なく官人が到来するとあり、人々が祈雨の成功を喜ぶ様子が知られる。黄昏に焼香使行事の太保が勅使二・三人とともに来て焼香する。僧録が成尋に御巻数《かんず》を見せてくれた。日本僧の巻数が最初に記されており、計二巻であるが、冒頭と日下《にっか》（日付の下）には皇帝の名前が記され、皇帝が仏に奉進する形で、日本の巻数とは全く異なるという特徴を記している。九日には辰時（八時）に剃頭人を賜り、七日間剃らなかったので、「宛《あたか》も鬼の如し」という白髪・白鬢を除去することができた。毎日三十二の苑から花が供えられており、その甚妙さや日本では見たことがない春花の色を描写している。また瑤津亭《ようしんてい》内には三躰画像があり、その様子も描写している。僧録・管勾が仏供を分配してくれた。次いで宮中を回見するために、諸大乗師の宿房に参向すると、風薬・丹薬や襪《しとうず》（足袋）をもらい、点茶されたりする。襪は甚雨により黒損していたために賜与してくれたもので、ここで履き替えた。華蔵大師・慈照大師・文弁和尚・恵浄闍梨・善湊《ぜんそう》和尚・文秀和尚・令喜和尚の七人と一緒に回見し、連枝木・畳玉亭・永福之殿・儀鳳閣・太清之楼・隆儒殿などを見学する。御殿付近でも制止する人はなく、諸大師が「日本阿闍梨宮中を回見す」と称したという。殿楼舎閣など二十余処を見学したが、名前はすべて忘れてしまった。ただ、賞棗殿《しょうそうでん》に関しては絵画のすばらしさを特記している。行事の張太保から来遊すべしとの使があったので、参向し、池の水門で金明池から放流される水の様子を見る。宮中回見の感想を尋ねられたので、「好《よ》し」と答えた。賞棗殿で種々の色を見て、日本の有無を問われたので、無い旨を答える。また花薗の花を回見し、花を取って来て見せてくれ、名を教えられたが文字がわからなかったので、忘れてしまう。太清之楼の東の花園にも入った。

十日は華蔵大師から喫茶の来請があったので、通事・小師らとともに参向する。華蔵大師と慈照大師が各々点茶し、慈照大師は黒神丸一裹をくれた。御前に楽があり、大師等と一緒に参向したが、僧録の命により戻った。中時（十六時）に法華壇付近で善湊和尚が賦詩をくれた。和尚は六十七歳である。華蔵大師・慈照大師は華厳宗の人で、華蔵大師ら大乗師十人は成尋の徳行を見て、皆、「闍梨とともに菩提心を発して仏道を修行し、生々世々互いに相い将導し、同じく一仏浄土の中に生まれ、倶《とも》に善友と為らん」と述べていると書き送ってくれた。黄昏焼香の勅使張太保が通事を召し寄せて数刻談話した。十一日には辰三点（十時）に皇帝が瑤津亭に来て焼香する。成尋は法華壇付近に立ち、五杵（五鈷杵《ごこしょ》）で皇帝に加持した。皇帝還御の際には成尋も橋の南辺に馳せ回って万歳と唱えた。太保・管勾・楊供奉の三人が銭等を曳いて南亭にて賜与する。成尋には全羅紫衣《しえ》三件の他に、銭・絹や様々な物品が与えられ、聖秀・長明にも各々澡浴銭四貫五百文と恩沢銭《おんたくせん》二貫五百文、折絹褐絹《おりきぬかつきぬ》の僧衣一副、通事陳詠には銭三貫文が賜与された。小行事司家三人など宮中滞在中に世話になった人々にそれぞれに銭を与えた。また八龍を池に放つ行事についても描写されている。

天台山への下向までの日々

十二日には卯一点（五時）に宮中から退出する。十二天供は宮内に入れるように乞うた。退出時に守門の人に銭百文、担夫二人に百文を与える。御前から楪子《ちゃし》（漆器）二十と茶二斤を将来する。東華門から出て、店家にて茶・菓を受領し、銭百文を与えた。三月二日の請使の兵士が不足分の銭を求めたので、百文を与える。担夫五人には各々三十文を与えた。伝法院から馬四疋・担夫等行者が到来し、院に還着した。老行者に二十文を与える。天台山に帰ることを許可する三月十一日付の聖旨が届いていたので、それを書写した。相国寺の僧が『法華儀軌』『形像儀軌《けいぞうぎき》』『次第』二巻を返しに来たので、お返しに入仏三昧耶印を授け、明日来るべきの由を指示した(47)。さらに『次第』一巻を貸与した。慈照大師守恩が来謁したといい、祈雨で知己になった高僧との交流が窺われる。伝法院の諸大師等も祈雨成功の悦びを伝えに来る。戌時（二十時）に三蔵が酒を送ってくれたので、定照大師を呼んで一緒に喫した。法華法堂を荘厳して元通りに自行を始める。

十三日は卯二点（五時半）に馬一疋を借りて、五臺山副僧正に謁するために啓聖院に向かい、茶・湯を点じられる。成尋が絹二疋を汗衫料として志献したところ、両度返却されたが、遂に受納してもらった。馬には三十文を実与した。三蔵が来て、張行者が天台山に同行するのは構わないかと告げたので、感謝の由を答えた。再び雨気がない様子なので、除雨障真言を念じる。宮中にて張太保がもし雨が降らないと、祈雨の請があり、しばらくは天台山に戻れなくなると告げたので、早く天台山に帰るためであるといい、成尋が天台山に戻ることを熱望していた様子がわかる。未時（十四時）に左街大相国寺東経蔵院の講経論賜紫恵明《えめい》が書状を呈して、褐衣一人とともに「日本に去《ゆ》かんと欲す」といったが、成尋は実否不明と見ている。祈雨成功により成尋の声望が高まり、色々な人が近づいてくる様子が窺われる。受法僧の円則座主は法華法立印を完了した。文慧大師が茶二人料を送ってくれた。

十四日は雨が降る。来請があり、三蔵の房で点茶した。木香花《もっこうげ》（モッコウバラ）・過麗花を買って壇上に供じる。[48]芍薬《しゃくやく》の花は牡丹の花に似ていて小さかった。木香はあるいは青木香《せいもっこう》（ウマノスズクサ）ではないかと思い、尋ねたところ、文慧大師は「青木は香薬の名なり」と答え、三蔵は「馬兜鈴《ばとうれい》（馬の鈴草）の根にしてまた雲南根と云う」と述べた。万歳院の僧である講律鐸和尚が来て、天台に去《ゆ》くべきの由を告げた。文慧大師の来請があり、参向して茶を喫する。今日は除雨障真言を千遍唱えたところ、雨が降り、喜感して一万遍を満了した。三蔵が来坐する。典座が御薬の指揮により他処の人はとりとめなく夜宿させてはいけないので、[49]天台山に同行する張行者は乗船の時に来会すべき旨を示し、成尋は乗船日までは他処にいてもらい、時々通事のところに来て乗船の日を知らせるようにすると答え、典座に銭二百文を与えた。晩景に少卿が来て宮中祈雨の様子を問訊した。

十五日は月望（十五夜）であり、卯二点（五時半）に慈済大師が来坐する。成尋はまず少卿の房に参向し、次いで三蔵、広梵大師、崇梵大師、文慧大師、慈済大師の房に行き、それぞれに湯を点じられた。房に帰って行法を始める間に、文慧大師、次いで崇梵大師が来坐したので面謁した。その後は行法を始めてしまったので、少卿・三蔵・広梵大師が来たけれども、通事を介して面謁しない旨を告げて帰ってもらう。通事が十二日に皇帝の妃が男子を生み、天下大赦があることや宋の後宮の様子を教えてくれた。定照が経蔵から新訳の『大乗集菩薩学論』一部二十五巻を取り出して貸してくれる。法称菩薩造、法護三蔵訳、日称三蔵・梵才三蔵・宣秘大師（恵賢）同詔訳で、至和三年（一〇五六）の訳、日本では天喜四年にあたる。定照と聖秀・張行者が感慈塔院に行き『天聖惣目録』一部三帖を六百文で購入する。寿昌寺僧が来拝し、文慧大師が茶三坏を送ってくれた。三蔵が斎時に羹・菜を送ってくれる。『天聖目録』は天聖五年（一〇二七）に作られ、それから四十七年になっており、この間の新経論は収録されていないとある。

新訳経の入手を図る

十六日に文慧大師が大赦の詔を持参する。通事を介して馬三疋を借り、成尋・通事・聖秀の三人で顕聖寺に行く。新訳経ならびに真言教を買うためである。寺主の房に到着すると、茶を点じられた。目録経を見て法文（仏典）を買うことにする。[50] 司家の官人が来て、購入希望の経は奏聞《そうもん》してから買うべきの由を示したので、とりあえず銭二貫六百文を預けて帰った。馬にはそれぞれ七十文を支払った。『大乗集菩薩学論』第八を見了した。嘉祐三年（一〇五八）四月進上とある。第九巻には日称三蔵訳とあり、法護三蔵は逝去していたことがわかる。第十二巻には慈氏解脱経の説が記されている。第九巻の初めに不動百字門（百字真言）があり、功能甚妙なので、写し取った。また根本真言・金剛輪陀羅尼等もあった。第十二巻は西天智吉祥が証梵義、第十八巻では智吉祥は逝去し、天吉祥が証梵義となっている。二十五巻には嘉祐八年（一〇六三）とあり、『大乗集菩薩学論』の訳経完了時期が知られる。日称三蔵訳の馬鳴《めみょう》菩薩集の『十不善業道経』一巻を看了する。崇福院主の妙因大師賜紫尼法貴から大相国寺仏牙院において斎を備えるので、二人の侍者（聖秀・長明）とともに来るようにとの斎請があった。使の行者に銭三十文を与えた。

十七日には斎時に典座が羹を送ってくれ、定照は汁・菜を持参してくれた。三蔵が来坐し、新経の購入は奏状を作って申上するようにと議定した。西天梵義大師から喫茶の来請があったので、西天新来二人とともに喫した。嘉祐八年（一〇六三）進上の馬鳴菩薩集の『六趣輪廻経《ろくしゅりんねきょう》』一巻・『事師法五十頌《じしほうごじゅうじゅ》』一巻・『尼乹子《にきし》問無《もんむ》我《が》義経《ぎきょう》』一巻を看了した。いずれも日称三蔵の訳である。河北定州の僧重智が三蔵の行者とともに来拝した。唯識宗の人であるという。日称三蔵訳の観无畏尊者集の『諸法集要経』十巻を借り出し、第一巻を看了する。治平元年（一〇六四）の進上で、訳衆は今時と同じであった。

十八日には三蔵が来坐し、新経を乞う奏状の案文を見了した。斎時に三蔵が通事の分も加えて乳羹（穀物と乳を一緒に煮込んだ汁物）・珍菜各四坏、成尋の一人料として、定照が菜一坏を送ってくれた。大卿が解院から戻り、典座可道を介して宮中祈雨の様子を問訊されるので、使とともに参入したところ、茶・湯があった。祈雨感応のことを悦び、宮内にある間の労苦を尋ねられる。奏状は定照に清書してもらい、通事を介して御薬に送った。五臺山副僧正が来坐する。『諸法集要経』第十巻を看了した。治平四年（一〇六七）の進上とある。『如来不思議秘密大乗経』第一巻を披《ひら》く。二十巻の本で、惟浄三蔵訳、法護三蔵の共訳である。第一巻を見了する。景祐元年（一〇三四）四月の進上とある。客省の宣感が来て、枢密院の牒を示し、使臣の船等で天台山に送ってくれるとの聖旨であった。

十九日には『如来不思議秘密大乗経』二十巻を看了した。定照が茶を送って喫させてくれる。相国寺の受法座主（円則）が来たので、絹一疋・香一裹を与えた。真言を覆審《ふくしん》し終えた。『秘密大乗経』は真言の大節経で、金剛手秘密主の本縁始末の委細を説いており、後年に皇帝に奏した書を写し終え、日本に送るようにした。酉時（十八時）に雷電が頻りに発し、大雨が降った。雨が降らないと、再び祈雨に招聘され、天台山に戻れなくなるので、心の中で悦んだ。

二十日は斎時に三蔵が珍羹菜五種を送ってくれた。新訳の『仏説一切仏摂相応大教王経聖観自在念誦儀軌』一巻を拝見する。法賢訳、同詔訳は法天・施護等である。祈雨の際の白芥子《けし》のことが記されており、宮中での祈雨の作法の由緒を知ることができた。次に施護訳の『普賢曼陀羅経』一巻、法天訳の『妙臂《みょうひ》菩薩所問経』四巻を見る。後者には「諸龍を調伏するは四方の爐《ろ》を須《もち》う」とあり、今回の祈雨で法華にて増益した黄色の浄衣を用いたのはこの文意に叶っていたことがわかったといい、宮中での祈雨が如法であったことを確信している。法天・施護・天息らの訳である『帝釈所問経』一巻・『嗟《さ》韈《べつ》嚢《じょう》法《ほう》天子受三帰獲免悪道経』一巻・『息浄因縁経』一巻・『浄意憂婆塞経』一巻・『初分節経』二巻（上・下）・『毘《び》婆《ば》尸《し》仏《ぶつ》』二巻（上・下）を見了する。『護国尊者所問経』四巻、『如幻三摩地无量印法門経』三巻を見了した。慈氏院の老和尚が請来した仏の手の骨は長さ三寸、大きさは方一寸で、仏牙一もあり、それぞれ七宝の筥に入れ、重々に裹んであった。諸人は当頂して各々地に伏して拝した。万歳院の恵道和尚も来る。二人の僧が老いた俗人とともに来たので、茶を喫させた。法華壇を看て礼拝した。仏牙を請来した老僧は九十歳、名は善詣《ぜんし》であった。(51) 申時（十六時）に三蔵が呉枢密《ごすうみつ》の使とともに来て、明日に小師二人・通事とともに斎請するといい、使に百文を与えた。

二十一日には辰一点（七時）に三蔵の馬を借りて、西府第三座の呉枢密の家に向かう。日本の作法やいくつかの法門問答を尋ねられ、筆答する。斎があり、成尋には銭一貫、他の三人にはそれぞれ五百文が賜与された。午時（正午）に伝法院に還着する。斎の際に女官が水精一貫を成尋の念珠と取り替えたといい、沈香念仏の時に懐中に香があり、替え取られたもので、固辞することはできなかったと述べている。女官は上位の者からそれぞれに赤裙《せきくん》・単衫を志与してくれたが、成尋は「最も哀むべし」と記している。三蔵の馬人に銭百文、同行のもう一人に五十文を与える。三蔵が茶を送ってくれたので喫した。『八種長養経』一巻・『除蓋障菩薩所問経』下十巻を見了する。三蔵の房に参向して茶を喫した。

二十二日には諸僧が群集し、新経の交讃があった。斎時に典座が汁を送ってくれた。『輔教編』三帖・『伝法正宗記』十二巻を見了する。『伝法正宗記』は杭州霊隠寺東山の契嵩《かいすう》和尚が法蔵二十七人伝を作ったもので、菩提達磨門人の集である。達磨来朝の年紀が相違していることは第五巻の奥にあったので、別紙に抄取した。文慧大師が茶三坏、次いで調備菜七種を送ってくれた。副僧録文鑑大師が来坐したので、点茶した。司家三人が来て、新経を乞う文書を奏した旨を述べ、下司家が銭を乞うので一貫を与えた。(52) 二十一・二十二日は連日の雨で、副僧録が雨が多いと、麦にはよくないから、止雨を祈るようにと告げたので、止雨を祈願すると、入夜に止んだといい、成尋の法力の一端を誇示している。

新訳経の頒布と大師号

二十三日には明日の斎請の使が来たので、参来の旨を伝える。法賢訳の『最上根本大楽金剛不空三昧大教王経』七巻本を披《ひら》く。第一巻に「若し雨を欲せば当に龍潭《りゅうたん》中に往き誦を持つべし、若し雨を止めんと欲さば当《まさ》に萎花《いけ》を水中護摩に用いるべし」とあったといい、祈雨・止雨法への関心が窺われる。顕聖寺の新経を賜る聖旨が届いた。代金支払いは伝法院が行うことになる。また成尋らを天台山に送致する使臣左班殿直の劉政から参謁希望の書状が届いた。三蔵が来坐し、沙汰し談話して点茶した。劉政には三月二十七日に朝辞し、二十八日に乗船の由を告げる。船は揚州の船であるという。顕聖寺宛の文書は司家が通事を雇って送付した。尉氏《いし》県の興国寺□孟禅院主の宝乗和尚が定照とともに来坐する。賜紫の人で、定照によると、「常に法花経・孔雀瑜伽教《ゆがきょう》・十代明王真言を念ずる人なり」という。法華壇を礼拝し、芍薬花を買って壇上を供養してくれた。『大楽金剛経』七巻を看了する。

慈済大師が来坐し、筆言で、成尋に大師号を賜与するとの聖旨が中書（中書省）に下され、御薬が奉《うけたまわ》ったことを伝える。次いで司家一人が来て、この由を告げた。定照の来請があり、参向すると、成尋の画像を製作し、毎日瞻礼《せんらい》（拝見し礼拝する）したいとのことであった。成尋は嘲笑すべき事柄と思い、辞退したが、画師に影像を描かれてしまう。司家三人が来て、新経下賜の依頼や大師号の件であちこちを往還し辛苦したので、銭を乞うという。新経に関しては先に一貫を与えており、大師号は成尋から依頼したことではなく、朝恩によるのであるから、銭を与える理由がないと答えたが、切々に乞うので、千五百文を与える。通事が印経院から戻り、明日から好紙で摺《す》り始めるとの由を伝えてくれた。

二十四日には顕聖寺から伝法院に文書が届き、成尋が頒布を希望する経典名を尋ねてきたので、伝法院に「成尋、顕聖寺に注送せる天聖録下冊の内二百八十六巻、仏母出生三法蔵経より中天陀羅尼経に至る、九十三巻、大乗律より沙弥十戒経に至る、二十九巻、西方賢聖集伝、一百九巻、白衣金幢縁起経より海恵所問経に至る、合せて五百卅巻、未だ録に入れず。幷びに天聖五年（一〇二七）以後治平四年（一〇六七）以前の印板経なり」である旨を返信してもらう。辰一点（七時）に馬四疋で相国寺仏牙院に向かう。華蔵大師に面謁するためであったが、出かけていて会えなかった。妙因大師（尼法貴）の広大な供養は記し尽くすことができないほどすばらしく、珍膳を百余人に供じ、成尋と小師二人には各々銭一貫を賜与された。ある尼は各々に二百文を加供《かぐ》し、ある尼は襪《しとうず》・手巾を賜与してくれた。未時（十四時）に伝法院に還る。司家が大師号を賜与するとの中書の案文を書く。仏牙院の様子や座席作法が詳述され、宮中祈雨の際に知己になった文弁和尚や華蔵大師・慈照大師・恵浄和尚なども来謁したことが記されている。通事はある俗人から銭五百文を賜与された。これは固辞したけれども置き去ってしまったので、受領したものであるという。

二十五日には斎時に定照が汁・菜を送ってくれた。三蔵の小師で相国寺紫衣僧の徳嵩《とくすう》が来て、同船して越州に行きたいという。次いで三蔵とともに来て礼拝すること三度、三蔵も同船させてくれるようにというので、二日間、船一隻で、使臣・通事も同船なので狭いとは思うが、承諾の由を答える。徳嵩大師はまた三度拝して帰った。三蔵が茶を取り遣して人々に喫させてくれた。次いで文慧大師が茶四盞を送ってくれたので、人々が喫する。通事が印経院での作業の様子を教えてくれる。法護訳の『同覚自性般若波羅蜜多経』四巻を見了する。南の浴堂に行き沐浴し、銭百文を支払う。『不空三蔵碑』一本は各百二十文、『大證禅師碑』は百三十文、『大達法師碑』は百五十文で購入する。律師が万歳院から来て、『四分律本疏』六巻と瓜二果を志与してくれた。三蔵とともに来たというが、成尋は浴堂にいたので、その間に帰ってしまい、後で三蔵が来てこの旨を教えてくれる。碑文は三蔵が価直《かちょく》（値段）を定めて買い与えてくれたもので、徳嵩の同船を承諾したお礼であろう。

顕聖寺の院主智悟大師が来て礼拝三度、成尋も答拝した。印板目録を持参してくれたので、要・不要を注して返却する。印了には一ヶ月かかるとのことであった。三蔵の房から点茶があった。新訳経の頒布には時間がかかることがわかり、成尋は「素意、天台・五臺において仏道を修せんと欲す、而れども臺山に参らんが為に花洛の間に入り、去年廿日此の訳館に住す。今年早く天台に帰らんと思うこと切なり。去年参臺、騎馬六十日に及び、老衰の身いよいよ以て疲れ極まれり。花水の来るを待ちて船を以て帰らんと欲し、二月廿五日に花水を得るを待ちて即ち以て上表せり。祈雨の御修法《みしほ》に依りて、三月十日に延引し、十一日に天台に帰る聖旨を蒙りて、船・使臣具し了んぬ。新経の事に依りてまた以て日を延べたれば、中心辛苦せり」と記しており、さすがに疲労困憊《こんぱい》であったことが窺われる。

二十六日には斎時に三蔵が菜を送ってくれた。法護・惟浄等訳の『大乗菩薩蔵正法経』四十七巻を拝見した。慶暦年中（一〇四一～四八）の進上である。施護訳の『仏母般若波羅蜜多円集要義釋論』四巻を披く。大中祥符四年（一〇一一）五月の進上で、本論一巻と合わせて五巻を見了する。法護・惟浄等訳の『除蓋障菩薩所問経』第一巻を披見する。天禧《てんき》三年（一〇一九）十一月の進上で、三十巻である。これを見了する。客省が通事を介して明日の朝辞はない旨を告げる。「経若し遅く出で来れば、朝辞の後に久しく留住すること便《びん》無かるべし」という理由である。この件は前日に客省の官人が文書を持参したが、失念して書き留めなかったので、牒の案文を見せてもらい、本日条に記したとある。

二十七日には斎時に三蔵が菜を送ってくれた。文慧大師が来て、「来日（明日）解院に出れば、天台に帰る日は相会し難し。早速に平安に帰り来るべし」と告げられた。『仏説大悲空智金剛大教王儀軌』第一を披く。

五巻の本で、至和元年（一〇五四）の進上、五種の念珠があり、時に応じて使用方法が同じでないので、最も要事である。宮中祈雨の際、また二十四日の相国寺の仏牙供養の時の作法を不思議に思っていたが、この九鈷杵の文を見て、概ね新訳の説に依拠したものであることが判明する。相国寺の徳嵩大師が越州新司理参軍の胡伝とともに来たので、点茶した。礼拝すること三度、次いで法華壇を礼した。文慧大師が写真讃（成尋の肖像画への讃辞）を作成してくれる。相国寺の円則座主が来拝する。定照の行者の画工に上絹一疋を与える。『一切如来名号経』一巻・『息除中天経』一巻・『心印経』一巻・『除賊難経』一巻・『施□切无畏経』一巻を看了する。

客省の宣感が来て、新訳経の印了は遅れるので、朝辞は四月十六日がよいと教示してくれた。文書二枚を見せてくれ、一紙は奝然・寂照の大師号賜与の先例、一枚は成尋への賜物がある旨であった。宣感が帰った後、衣冠の官人一人が来て大師号を告げて銭を乞うたが、聖旨の使ではないので、相会しなかった。三蔵のところで茶を喫して帰る。後に三蔵が来て、善慧《ぜんえ》大師の号を賜ること、小師二人にも紫衣聖旨が下ったことを教えてくれる。『无能勝幡荘厳経』一巻・『最上燈明如来経』一巻・『観自在母経』一巻・『聖曜母経』一巻・『如意陀羅尼経』一巻を看る。「訳人・年号は別紙に注《しる》し了《おわ》んぬ。以後の看経《かんぎょう》は皆別紙に注せり」とあり、以後には看経の詳細は記されていない。

二十八日は卯二点（五時半）に御薬が来る。本日は新たに『父子合集経』三・四巻を訳出するということで、潤文右諫議参知政事の馮京《ひょうきょう》が来て、僧俗の斎があった。御薬が筆言で、成尋に天台山に戻らず、都に留まって皇帝の護持僧になるように、これは聖旨である旨を告げたが、成尋は「天台智者、十二所道場において或いは普賢を見、或いは神僧を感ぜり。成尋は頑愚と雖も、祖師の遺風を追いて、天台勝地において試みに聖応を扣《たた》かんと欲す。両年を経るの後に五臺に参りて一年修行して後に京洛に住するに至りては左右《とこう》に随うべし。聖恩の不可思議を蒙れば設けて遠処と雖も聖寿を祈禱すべし」と答えたという。このやりとりは大卿・少卿・三蔵・文鑑大師等も同坐して聞いていた。御薬が訳経証義の座に列して訳経を看て、食を喫すべしと言うので、訳庭（訳経場）に出た。訳経は「先《ま》ず大卿、梵文を一紙を取りて談じ了んぬ。次いで筆受智宝、梵文一句を取りてこれを読む。梵才三蔵、漢語を唱え、筆受、書き了んぬ。次いで梵文一句を読むこと前の如し。此の如くして一紙を訳し了んぬ。詔同訳少卿、漢語を読み了んぬ。前後焼香薫香、手水《ちょうず》の散（散水）有り。下座の証義一人発願廻向《えこう》し、宝号を唱え皇帝を祈り奉る」という手順であり、当時の訳経の具体相がわかる。

食事の後、諫議《かんぎ》の来請があり、通事とともに参向し、祈雨感応壇の作法や天台山に戻ることなどを問われ、応答した。御薬によると、新訳経は四月二十日ころに印了するとのことであった。御薬・大卿等が成尋の房に来て法華壇を見る。次いで張供奉が広梵大師とともに来る。次いで皇帝が摺られた「十二時歌」（宝誌和尚の「十二辰歌」）を持参する使臣の張供奉が来る。張供奉は過日小師五人に付託して日本に送る皇帝の経・錦を持って来た使臣である。成尋は出会して茶を喫した。通事も日本に渡る希望があることを使臣に通達する。三蔵は何故官使が来たのか不審であったために来坐しており、成尋は「誌公和尚の歌」（十二時歌）の使である旨を告げる。張供奉は早く朝辞するようにと言うので、通事を客省に遣す。御薬は「朝辞の後に廿日・一月を経るは更に妨げ无し、早く朝辞すべし」と言ったので、この旨を客省に告げた。

二十九日には斎時に定照が汁・菜、三蔵が菜を送ってくれた。通事を介して客省から四月二日に朝辞すべき由を告げられる。返書の案を書いて、三蔵の紙を用いて定照に清書してもらい、通事に客省に送付させる。万歳院の律師と恵道和尚が来る。律師には小師一人が付いており、同船して杭州で律関係の経典を購入したいというが、一人だけは承引するものの、もう一人はだめであると告げる。『含注本疏』を志与してくれたので、感悦の由を伝えた。

三十日には斎時に三蔵が菜を送ってくれた。二十七・二十八・二十九の三日の間に新訳経三十七巻を看了したが、目録は別紙に記すとある。御薬が来たので、参向して数剋談話し、点茶すること三度であり、成尋は「少卿・三蔵・御薬は茶を好むなり」と評している。老道士一人が来坐したので、数剋談話した。西天の恵遠・恵寂の二人は西天に帰る聖旨の文書を枢密院に送り、許可されたという。丈夫国の二人は同天節の新経の際に朝見させるという由を大卿が申奏し、同様に許可された。同天節は皇帝の誕生日で、この四月十日に諸僧が参内して新経を読み聖寿を祈るとのことで、大卿・少卿・三蔵・梵義と筆受二人、計六人が参内するという。御薬の話によると、西潘《せいばん》人や契丹人が到来し、五・六日の間に朝見する由、客省が告げたとある。御薬が帰去するので、諸僧とともに中門の騎馬の場所まで見送る。二十九・三十両日は廃務なので、官人は私宅で遊戯・作文《さくもん》するといい、明日は日蝕であるから、「皇帝は地上に坐して床上に居るべからず、官人は参内せず、廃務す」とあり、宋の朝廷の風習が知られる。

朝辞と出立を待つ日々

四月一日になる。今日の日蝕は卯時（六時）とのことなので、晴天にならないように祈雨したところ、寅時（四時）から降雨があり、巳時（十時）に止んだので、心中感喜したといい、成尋の法力の一端が誇示されている。斎時に三蔵が羹・菜一坏を送ってくれた。午時（正午）に御薬が王御帯《ぎょたい》とともに来る。筆言で法門の義・天台の義・法華経を問われたので、問答すること二紙に及んだ。二人は成尋の房に来坐し、法華壇を看た。画師《えし》が描いた影像を見て、画師を召して書くべき様を教えた。定照を呼び、文恵大師述讃を見る。これは過日に定照に預け（清書して）もらったものである。円則座主が来て、顕聖寺の印本の『法華儀軌』一巻を志与してくれた。客省の宣感が来て、朝辞の文を与えられたので、請文を出した。客省は異国の人々が同天節に参来する様子を教えてくれた。本日西潘人二十余人が御薬の許《もと》に参来した。多くは色黒く、着用する衫はあるいは縫物で、言語が異なるので通事がいる。御薬が潘人の事を担当しており、各々に銭を下賜した。名目録（名簿）の小作紙を懐中から取り出して名と躰《てい》とを合点（照合）し、進奉の馬四疋を曳かせて、御帯とともに見た。各々上品の馬であり、少卿・三蔵・成尋三人もともにこれを見た。寿聖寺院主の賜紫妙空大師法仁が四月六日の斎請を送ってきたので、行者に銭五十文を与える。

二日は朝辞の日である。卯二点（五時半）に馬四疋を借りて東華門に参上、三重の門に入り、第四門の廊の東面で休息し、斎があった。御出を待つ間に一時ほど休居する。荘厳の車数百が出入する様子を見ており、皇帝の妹の入内が特記されている。辰三点（十時）に門内に入ると、南庭には数百人が並び立ち、千人になろうかという規模で、御出があり、皇帝は崇政殿において南面された。成尋らは皇帝に対面して並び立ち、三度万歳を唱えた。退帰したところで、小師二人に紫衣を賜るという宣旨があり、成尋ら三人は紫衣を着て再び御前に出て、小師二人は万歳と唱え、この間には成尋は東に離れて立っていた。御薬を勅使として、「両年の後に必ず参来すべき」の宣旨があり、参上する由を奏した。御前で絹三十疋・銭などを賜る。伝法院に戻ると、祗候庫《しこうこ》(詔により下賜する物品を管理)の庫子三人が車で絹三十疋・銭六十貫を運んで来た。成尋には絹十疋・銭三十貫、聖秀・長明は各々絹十疋・銭十貫、通事陳詠は銭十貫で、庫子に銭九百文を与えており、これは三人で三百文ずつを出したもので、通事には百文を与える。御薬・御帯の二人が成尋の房に来たので、使臣・通事には別船を下されるようにと申請したところ、御薬が申状を懐中に入れて参内した。相国寺の広照大師が来て礼拝すること三度であったので、成尋も答拝した。定照が御帯の官と名は作坊使・文州刺史の王中正で、かつては御薬院に任じられていたと教えてくれた。

三日は三蔵が来坐し、点茶してくれた。少卿の小師が他寺の僧とともに来拝したが、名前はわからない。通事は聖秀とともに顕聖寺に行き、天台教九十余巻を買って来た。円則座主に『法花次第』を貸した。『図曼陀羅』はまだ返却されてこず、曼陀羅をまだ写していないという。通事に印経の状況を尋ねさせたところ、院主は印刷は終了し、今は紙を染める工程で、十四日か十五日に出来上るとのことであった。四日には午時(正午)に中書から大師号を賜与する文書が到来した。表を裹《つつ》む黄紙は長さ一尺五寸、広さ六寸であった。使の官人二人に二貫五百文を与える。また通事陳詠の剃頭の文書もあり、悟本《ごほん》という法名になった。御薬が来て、これらの文書を見て、また少卿・三蔵も同じく見て、感喜する。三蔵が「焼香して皇帝を祈るべし」というので、庭中に机を立てて上書を置き、机を別々にしてに安置して焼香し、万歳を唱えた。長明の戒牒(尚書祠部牒)の案文を乞い請け、戒壇から請来した六念(修道の助けとする六種の思念)の案文も書き留める。

筆受崇梵大師・定照らは大師号の文書を見て感歓する。成尋は「五臺に巡礼せしむるの次《つ》いでに白地《はくち》（かりそめ）に花洛の訳館に安下し、不慮の外に師号を賜る、且《か》つうは怖れて且つうは悦べり」との感慨を記している。

五日には通事が銭十貫で大斎を儲けた。当院・他院の人が多く群集し、斎席に列着する。梵恵大師師遠・広智大師恵琢は成尋が第九地善恵（慧）の名を得たので、成尋に向かって「九地菩薩」と唱えて合掌した。通事が明州で受戒を請う奏状を三蔵に作ってもらって持って来たので、定照に清書してもらい、御薬に進上する。陳詠は明州で剃髪し、先行して帰国する五人とともに日本に行き、二年間で戻るという計画であったことがわかる。午時（正午）に王御帯が来たので、国清寺の如日和尚の詩一冊を志与する。(53) 供奉官が通事とともに来て、明州受戒の奏状を付了したという。

六日は辰時（八時）に三蔵とともに寿聖院尼大師の斎所に行く。通事・小師二人も同行するが、三十里（約一六・六キロ）の道のりで、北門の外の院であった。尼一人で広大な伽藍を造営し、二百人の僧を請じて行う毎年一度の斎であるといい、上臈には銭一貫、中・下には五百文が賜与される。三蔵は紫の夏の衫、成尋は綾の汗衫をもらった。五臺副僧正や京中の僧が多く来坐しており、華蔵大師・慈照大師は成尋に「九地菩薩」と呼びかけたという。道すがらであったので、印経院に立ち寄り、『千鉢文殊経』一部十巻・『宝要義論』一部十巻・『菩提心離相論』一巻・『広釈菩提心論』一部四巻・『図集要義論』四巻・『祥符法宝録』二十一巻・『正元録』二巻を買い、銭一貫五百文を支払った。院主の智悟大師が茶・薬を点じてくれた。馬人には百五十文を与える。三蔵の房で点茶した。

七日には斎時に三蔵が菜、定照が羹、典座が汁を送ってくれた。三蔵が来たので、点茶する。円則座主が来て、『法華図曼陀羅』と『法花曼陀羅』および『私記』一帖を返却する。円則座主の肉親である前沢州司戸参軍の李忠臣が来拝し、法華壇を礼した。左街講経首座福聖大乗戒壇主の寅教大師智爽《ちそう》が斎を送ってくれたので、使に三十文を与える。三蔵とともに来るようにとの来請があった。戌時（二十時）に三蔵の房から使があったので、参向すると、仙菓・茶飲があった。本日は南の浴堂に行き沐浴し、百文を与え、また五十文を与えた。

八日には四月十日の同天節で御前において新訳の『父子合集経』三〜八巻、計六巻を読むために、大卿・少卿・三蔵・梵義と筆受二人が卯時（六時）に宮中に参向した。大卿・少卿・三蔵の三人は各々銀二十両で焼香の筥を造り、乳香十両を入れ、皇帝に献ずるとのことである。成尋は朝辞を終えているので、参内しない。丈夫国の二人は日称三蔵の奏により朝見し、各々紫衣・絹二十疋を賜与され、帰って来て成尋を礼拝するので、答拝した。三蔵が来坐し筆告して、大乗戒壇院の斎には十日に行くようにという。長明と天台行者は新訳経を入れる籠子一荷を八百五十文で買って来る。縄は通事が買い、百五十文である。斎時に三蔵が羹、定照大師が汁・菜を送ってくれた。また定照は茶を持参して点じてくれた。

九日には斎時に三蔵が菜を送ってくれた。聖秀と通事は印経院に行き、『大教王経』三十巻・『除蓋障所問経』二十巻を買って来たので、一貫二百文を与える。印経は十三日に到来するとのことで、前後百二巻になる。日本未到の新経は小師五人に付託して日本に送るために買い取ったものである。天台行者が帯を質物としたので、銭一貫を貸し付けた。円則座主が来拝した。次いで徳嵩大師が来て、使臣からの言付けを伝えたので、十四日に乗船する由を告げ示した。十日には張行者が銭五貫四百文で紫紗三疋を買って来る。夏の単衫・袈裟・裙《くん》に充てるためのものである。また四百五十文で皮鞋一足を買って来る。籠子の鏁鑰《さやく》（かけがね）は一つが百三十文という。夜半から雍熙元年（九八四）以後の新経を『法宝録』に付載された年次順に新経目録を抄出し、未時（十四時）に終了した。

十一日は斎時に定照が汁・菜を送ってくれた。画師の行者は固辞したが、銭一貫を与えた。通事を印経院に遣し、『雨宝陀羅尼経』一巻を買わせる。『祥符録』の朽損した四巻の代わりが送られてきて、成尋は「感有り感有り」と述べている。万歳院の講律恵道和尚が十四日の斎請を送ってきたので、使に三十文を与えた。十二日には他寺の賜紫大師が来拝したが、その名はわからない。印経の沙汰のために三蔵の房に参向し茶を点じた。次いで三蔵が来坐し、定照が好《よ》い茶を持参して点じてくれた。通事が尚書省に行き祠部牒を乞うたところ、書生官人が銭一貫を要求したというので、通事に銭五百文を与えた。尚書祠部牒には陳詠について「昨、慶暦八年の内において、本州市舶司公牒を給い得て、日本に往きて興販《こうはん》すること前後五廻なり。また杭州運司の公文を蒙りて、日本国僧の闕《けつ》（宮中）に赴きて朝見するを差送す。日夕常に日本闍梨の仏事に精勤するを見て、剃頭して僧と為り、日本闍梨と弟子と為りて、終身念仏して国恩に報答せんことを乞わんと欲せり」とあり、陳詠は慶暦八年（一〇四八）以来日本と往来して交易に従事していたことが知られる。左街大相国寺東経蔵戒律院の僧恵穏が来拝し、円則座主が同船したいと告げるが、船が狭いのを理由に断る。入夜、三蔵が小瓶子を送ってくれたので、薬を服用した。

十三日は斎時に定照が汁・菜を持参してくれた。新印経を待つ間に、船人に法門雑具等を運ばせる。三蔵や諸大師が頻りに来て労問する。未時（十四時）に新印経が到来した。文書によると、「杜字《とじ》号より轂字《こくじ》号に至る共に参拾字号計二百七十八巻。蓮花心輪廻文偈頌一部二十五巻、秘蔵詮一部三十巻、逍遥詠一部一十一巻、縁識一部五巻、景徳伝灯録一部三十三巻、胎蔵教三冊、天竺字源七冊、天聖広灯録三十巻」、計四百十三巻冊といい、三蔵が来坐して、一緒に字号に即して巻軸を計えて預納する。官人等の禄は銭一人三百文、次の一人に二百文、次の四人には各々百文（官人四人と行者二人の分か）、担夫八人には各々五十文を与えるが、皆が不足の由を言うので、成尋は奝然が大蔵経を下賜された際には使者・人力に銭禄はなく、その時の日記は皇帝に提出してあり、今回初めて銭を与えるのであって、その多少は人心（成尋の心尽くし）にあるのだと文状を示すと、承諾して帰った。聖秀・通事とともに騎馬で船に向かい、申時（十六時）に乗船する。担兵士七人・雇夫一人はそれぞれ二度往還して荷物を運んだので、実銭六十文を与えた。馬二疋には省分（省陌《しょうはく》〔例えば百文未満でもこれを百文として授受する方式〕した短銭数）六十文を支払う。徳嵩大師の籠子等が船に到来し、彼はしばらくいて、帰った。使臣劉殿直《りゅうでんちょく》は既に船に乗住している。今朝、老典座道晃に絹一疋を与えた。儀鸞《ぎらん》（幕帷を張るのを掌る官司）の下部《しもべ》で房装束の人には銭一貫を与えたところ、地に伏して拝受した。日ごろ給仕の季行者には五百文を与える。同船して行くのであるが、張行者には二百文を与えた。鞍一具を照大師の房に預け置き、これは次回に五臺に参詣する際に用いるものだという。

　十四日は卯一点（五時）に伝法院に向かい、少卿のところで拝辞する。次いで大卿の房に行くが、廨院にいて不在とのことで、行者に拝辞の言付けをした。次いで三蔵のところで粥・茶・菓を喫する。次いで梵義大師・崇梵大師・定照・慈済大師の房に行き拝辞を終えた。辰一点（七時）に院より出て乾元福聖禅院の諸律師の斎所に向かう。三蔵も同行し、巳一点（九時）に到着、諸大師・律師の出迎えがあり、拝謝した。王太尉と若い官人一人が来て、三蔵と合わせて四人が一所で斎を喫する。律師恵道和尚は三蔵と成尋の二人に銭二貫を賜与してくれた。午時（正午）に三蔵と帰る途中、御薬のところに参向したが、不在のため、侍者に銭三十文を与えて辞別の手紙を託した。三蔵が船に来る。定照はそれ以前に来てしばらく休息していたので、辞別を終えた。三蔵は「相別は銷黯《しょうあん》（悲しくて意気消沈する）に勝たず、中善を除くを珍重と為す。早く京に入るを得て相見せん、是、所願なり」と書き与えてくれ、互いに礼拝して別れた。定照は好《よ》い茶を置いて帰った。徳嵩大師が小師とともに来たので、点茶した。戌時（二十時）に浴堂に行き沐浴し、実銭三十文を支払う。

八　明州への旅と弟子たちとの別れ

（延久五年〔一〇七三＝宋・熙寧六〕四月十五日〜六月十二日）

出船

四月十五日には未時（十四時）に徳嵩大師が小師等とともに来る。使臣殿直は人々に酒を与えた。先例があるというので、船料（船員への心づけ）を出し、梢工に百文、水手に二百文を給付する。梢工作には百文を与えた。未時（十四時）に出船し、申時（十六時）に水門のところで船を止め、数剋逗留する。官人が来て梢工のところを捜検し、秀才が同船しているかを危惧して見に来たというが、成尋ら僧侶の船には来なかった。出船し、酉時（十八時）に遥務（禁衛所）の近辺で船を止めた。徳嵩大師が『達磨六祖壇経』一帖をくれたので、日本に送付すると伝える。

十六日は徳嵩大師が所持している梵才三蔵の真影を見て、三蔵自作の偈を書写した。『千鉢文殊経』を一見した。使臣が酒二盞を進上してくれた。本日は百九十里（約一〇五キロ）を行き、襄邑《じょうゆう》県に到着して止宿する。十七日は卯時（六時）に出船する。『千鉢文殊経』を一見する。『儀軌』一巻を注出したといい、これは五臺山に参詣・修行する際のためで、一本を日本に送るようにする。未時（十四時）に南京で船を止める。通事が銭十八貫について、人を尋ね求めるためであるといい（五月五・七日条の秀才との紛議か）、通事は銭五貫と水銀を得たとある。戌一点（十九時）に出船し、子時（零時）に迎応亭に到着し、止宿する。本日は百六十里（約八八・五キロ）を航行した。十八日は卯時（六時）に出船し、酉時（十八時）に二百里（約一一〇・六キロ）で宿州蘄《き》沢鎮《たくちん》に到着し止宿する。徳嵩大師が日本に送る新経目録を清書してくれた。杏《あんず》を沢山買っており、梅の形に似ていると描写されている。

　十九日は卯時（六時）に出船し、辰時（八時）に宿《しゅく》州（安徽省宿州市）に到着し、逗留する。水手は飯を喫し、梢工は売買をするという。成尋の真影を目録に入れて日本に送る。文恵大師作の讃を加写し、由緒として「年六旬に余り日暮期し難し、滄海の波は万里、去留定め無し、故に真影を図して一室の人に送る。若《も》し往生極楽の日を聞かば、此の真影を披《ひら》きて弥陀号を念じて西方に廻向《えこう》するなり」と記した。「此の由を記すの間、落涙抑え難し」であったとある。本日は二百四十里（約一三三キロ）を行き、宿州障《しょう》県で止宿する。二十日は卯三点（六時）に出船し、百六十里（約八八・五キロ）で申時（十六時）に臨淮《りんわい》県に到着し、逗留する。梢工等が売買をするという。さらに六十里（約三三・一キロ）を進み、酉時（十八時）に泗《し》州（安徽省滁《じょ》州市）府の岸に到着した。二十一日は通事を介して都督府に到来の由を奉ると、侍人を介して問訊される。本日は風が宜しくないので出船しなかった。二十二日は辰一点（七時）に出船し、淮河《わいが》に入る。浮船の大橋を見たが、上京の時と同じであるから、描写しないという。九十里（約四九・七キロ）で洪沢《こうたく》に到着し、申時（十六時）に小河に入ると、楚州の界内である。船を曳いて六十里（約三三・一キロ）で淮陰《わいいん》県に到着し、丑時（二時）に止宿した。

楚州から揚州へ

二十三日は辰一点（七時）に出船し、申時（十六時）に六十里で楚州府に到着した。申三点（十六時）に閘《こう》（水門）を開き、まず船数百隻を出す間、酉一点（十七時）になり、船を南門の辺に入れて止宿する。使臣の本宅が楚州にあるというので、逗留することになる。二十四日は船の修理のために逗留する。午時（正午）に金山寺の僧一人が来て、通恵大師の冷衫料（夏用の衫）の寄進を求めたが、銭がなかったので出さなかった。本日は船内で沸かした湯で沐浴する。二十五日には使臣殿直が来て、発運司の指示により、閘を開くことは船が百隻以上にならないと実施されず、三日間で百隻にならなければ、第三日に開くことになっているので、晩には開かれるだろうと書き与えてくれたが、結局開かれなかった。張行者には昨今終日七条袈裟を縫わせる。

二十六日は辰一点（七時）に閘が開いて出船する。梢工が船を修理する板等を受領するため、午時（十一時）まで逗留し、午一点（十一時）に綱手を曳いて出船した。楚州新店を離れ航行の間、来向する船に杭州監軍資庫の韓寺承がいたので、船を止めて相看した。同朱判官は親愛の情がある人物で(54)、茶を持って船上で来謁し、点茶してくれた。また扇十号（合＝箇）・乳香一貼（包）を志与してくれた。彼は天台の教えを理解しているので、法門問答を交わした。楚州から三十五里（約一九・四キロ）で平柯橋《へいか》に到着し、止宿する。

二十七日は卯時（六時）に出船し、午時（正午）に宝応県に到着して逗留する。午二点（十一時半）に出船し、六十里（約三三・一キロ）を行き、酉時（十八時）に楚・揚二州の界である界首《かいしゅ》に到着し、止宿する。本日は楚州射陽湖《しゃようこ》を過ぎており、成尋は「五湖の一なり。広大なり。堀川の西は眇々《びょうびょう》なり」と記している。二十八日は卯一点（五時）に出船し、未時（十四時）に六十里で揚州高郵《こうゆう》県に到着し、梢工が売買をするというので、止宿する。二十九日は卯時（六時）に出船し、酉時（十八時）に雨が降り、六十里で邵伯鎮に到着し、止宿する。

五月一日は終日降雨であった。先に京上の船を入れる間、閘頭の内で待機していると、晩頭になり、第三の閘を開いて入ったが、夜間は船を出さないので、止宿した。二日も雨で、卯時（六時）に出船し、三十六里（約一九・九キロ）で午時（正午）に揚州府に到着する。ここで揚州府に船を乞うために逗留する。申時（十六時）に知府給事中が白米三斗・酒四瓶・麵粉二斤を送ってくれた。三日夜には新経百余巻が澀湿してしまい、曳き干かす間に時剋が無駄に過ぎ、また揚州の船も来ないままに、一日が経過した。梢工が乗轎《じょうきょう》（かご）を志与してくれたので、酒一瓶を与える。

四日は卯二点（五時半）に兵士四人に轎《きょう》を担いでもらい、揚州府に行く。知府が饗応してくれ、茶・湯を点じ、船は晩頭に来るとのことであった。人々に日本のことを尋ねられる。次いで開元寺に行き、大塔・頭子院を拝礼する。院主が点茶してくれ、院主とともに寺主大師の院を参謁すると、点茶すること両度であった。慈覚大師（円仁）がかつて止住した寺なので、至誠の故に参拝したという。次いで寿寧寺に行く。副僧正賜紫惟雅《ゆいが》・僧判官賜紫道演《どうえん》はともに不在で、参謁できなかった。寺僧に案内してもらい、法華経石碑を礼拝した。巳時（十時）に船に戻り、兵士五人に五十文を与える。斎の後、龍興寺に行く。鑑真和尚のかつての住寺であるためといい、大仏殿の様子が描写されている。管内僧正賜紫恵礼《けいれい》の院に行き、点茶すること両度、湯一度であった。王安石の大碑がある。僧正が門に出て、成尋が轎に乗るところまで見送ろうとするので、切にお願いして帰ってもらった。大仏殿の後の東廊十三間に法華経一部・維摩経・金剛般若等の文を刻んだ石碑があったという。船に戻り、兵士四人に四十文を与える。申時（十六時）に揚州府から杭州の好船を給付された、本の船に乗り、運河を上って南門に到着したが、日が晩《く》れていたので、杭州船には移乗しなかった。

揚州から杭州へ

五日は卯一点（五時）に杭州船に移乗したが、杭州牒が未到なので、逗留する。通事は秀才の銭十五貫のことにより遅滞している。未時（十四時）に轎子で浴堂に行き沐浴する。殿直が酉時に文書（杭州牒）を取って来た。六日は辰二点（七時半）に出船し、未時（十四時）に二十五里（約一三・三キロ）で瓜洲《かしゅう》堰に到着する。申時（十六時）に左右に轆轤《ろくろ》を曳く牛各々五頭を縻《つな》ぎ、次々に堰を曳き越えた。故里下河にて宿する。七日には卯時（六時）に通事が来た。銭は一貫半しか取り戻すことができず、秀才は遁隠したとのことである。出船し、揚子江を渡る。堰の兵士七人が来て加わり、巳一点（九時）に潤州河に入った。堰の兵士七人に銭百文、梢工には百文、もとからの兵士十人には二百文を与えた。巳三点（十時）に京口堰に到着し、船を止めた。潤州の知府が酒小三瓶を送ってくれる。使に五十文を与えた。未時（十四時）に府に行き、知府大卿と謁する。今年の新任者で、年七十余の人である。小師五人を明州に送った使臣三班借職の王宗彦が来会し、（快宗供奉の手紙を渡してくれ、）成尋は「快宗供奉の文字（手紙）に感じ了んぬ」と述べた。手紙には途次で使臣がよくしてくれたと記されていた。[55] 陳船頭の舎弟永励《えいれい》が挨拶状を出し、十人でやって来た。俗書等を沢山持参してくれたが、必要ないので返却した。引き潮のため堰を越えずに宿する。

八日には殿直と徳嵩大師が金山寺に参詣した。午時（正午）に堰を越える。左右の轆轤を曳く牛は計十六頭であった。殿直らの帰りを待つ間、渌水橋《ろくすいきょう》で船を止めた。殿直・徳嵩大師が戻って来る。金山寺主の宝覚大師務周が成尋に明日の斎請を送り、僧四人・俗二人にも請書（招待状）を送ってきたが、参向できない旨を使の長老と行者に伝え、別に書状があったので、返事を送り、請書六通は返却した。監潤州商税の張寧《ちょうねい》が来謁する。梢工の食事のため出船せず、宿した。九日は巳一点（九時）に出船し、酉時（十八時）に七十五里（約四一・五キロ）で丹陽県丹陽橋に到着し、止宿する。兵士十人に酒一瓶を与えた。

十日は卯一点（五時）に船を曳き、午時（正午）に四十五里（約二四・八キロ）で呂城《りょじょう》堰に到着する。船を曳き、未三点（十四時）に三十里（約一六・六キロ）で奔牛堰に到着し、左右の轆轤を計十六頭の水牛で曳き越した。船を曳き、酉時（十八時）に常州の北水門に到着し、留宿する。十一日には常州刺史は金龍形を送るために張公洞に出かけていたので、通判郎中に謁し、点茶すること両度、湯一度であった。船に戻った後、郎中が酒五瓶・麵五斤を送ってくれたので、使三人に五十文を与える。竹轎を実分三百五十文で買う。府に参向した際に轎を持った兵士に廿五文を与える。弭節亭《びせってい》に船を着け、逗留する。未時（十四時）に出船しようとした時、梵才三蔵の弟子の温大師が来拝した。常州太平興国寺の住僧で、三蔵が申請して紫衣を賜与されたという。三蔵は常州の人で、少卿宣秘大師は東京雍丘《ようきゅう》県の人であると教えてくれた。皇帝が毎年金龍を送り投ずる赤城山池《せきじょうさんち》は台州の内で、杭州は銭塘《せんとう》江、揚州は揚子江等である。三十六里を行き、横林《おうりん》鎮に到着し、止宿した。

十二日は卯時（六時）に出船し、巳時（十時）に三十里（約一六・六キロ）で落杜鎮《らくとちん》に到着、未時（十三時）に二十四里（約一三・三キロ）で無錫《むしゃく》県に到着した。張行者が本宅に行くので、暫く下船して宅に向かった。常州と無錫とは九十里（約四九・七キロ）、蘇州までは九十里とのことである。無錫館駅亭に逗留する。船人が売買を行うためである。未二点（十三時半）に出船し、酉時（十八時）に二十五里（約一三・八キロ）で顧墓《こぼ》に到着し、止宿する。十三日は卯時（六時）に出船し、申時（十六時）に六十五里（約三五・九キロ）で蘇州北門緇衣亭《しえてい》に到着し、止宿した。十四日は辰時（八時）に府に参向し、王司勲に謁した。梢工・水手に十五日の食を下されたので、成尋は「感有り感有り」と述べている。退出するまでに茶・湯を点じられ、他の官人も次々にやって来た。本日は終日船人が米を受領するので、逗留する。浴堂に行き沐浴した。堂主は僧侶からは銭を取らないといい、成尋は「最も道心の者なり」と評している。満中亭に入り、終日休息する。店家で和布を沢山購入しており、天台山の山中での修行時に用いるためという。司勲は今年新任の刺史なので、僧食を送ってこない。通事は小船に乗って先に杭州に向かった。

十五日は終日緇衣亭で休息する。梢工・水手がまだ食米を受領していないためである。十六日は巳時（十時）に出船し、戌時（二十時）に六十五里（約三五・九キロ）で八尺馬鋪に到着し、宿する。十七日は卯時（六時）に出船し、終日船を曳き、八十里（約四四・二キロ）で秀州の北門に到着し、宿する。十八日は辰時（八時）に秀州府に行き、郎中に謁し、両度茶を、次いで湯を点じられた。酒を送ってくれるという約束があった。徳嵩大師を通事として、殿直とともに参向したのであった。船に戻った後、酒五瓶が送られて来る。無灰颪麹新酒（醸造の時に灰を混ぜない酒）であるという。茶酒司（専売や茶酒の厨料の配給を掌る官司）の送文があったので、返牒を奉った。巳時（十時）に出船し、六十里（約三三・一キロ）で戌時（二十時）に秀州の内の皂樹《そうじゅ》駅に到着し、宿した。

杭州に到来

十九日は卯一点（五時）に船を曳き、九十里（約四九・七キロ）で戌一点（十九時）に杭州十八里店にて宿する。本日は未時（十四時）に左右の轆轤を曳く牛計十四頭で長安堰を曳き越えた。二十日は卯一点（五時）に出船し、辰時（八時）に十八里（約九・九キロ）で臨平に到着し、（船人たちが）売買をする。次いで広厳寺に行き、逗留する。船を曳き帆を上げ、杭州に入り、九十里で照礼亭に到着し、止宿した。

二十一日には辰時（八時）に通事陳詠が来た。劉琨《りゅうこん》・李詮《りせん》が日本から一乗房永智（巻一延久四年三月十五日条〔001〕では成尋の出発を見送った人の中に見える）が乗船しているとのことであり、悦びながら迎送しているところに、船頭等がともに来拝したので、点茶し、酒二瓶を分け、六人の船頭には各々一瓶を与えた。坐禅供奉・円宗房・清水四禅師の書状があり、緘《ふう》を披《ひら》いたところ、感涙がこぼれ落ちる。坐禅は譲位除目《じもく》と公卿召《くぎょうめし》、および円宗寺《えんしゅうじ》法花会日記を、円宗房は円宗寺二会日記・竪義《りゅうぎ》注記を送ってくれた。久々に日本の様子を知り、成尋は「鬱を散ずること已に了んぬ。悦びと為すこと少なからず」と述べている。坐禅と円宗房はまた帷《かたびら》料の細布一段を送ってくれた。申時（十六時）に転運使衙に行き、文書を受領した後に、転運使は沙汰すべき文書があり多忙で、出会できなかったが、成尋の来訪を悦ぶ旨を伝えられた。次いで知府舎人のところに行くが、人々が酒を喫している最中であったので、案内を請わずに帰った。

二十二日は辰一点（七時）に通判学士（蘇軾《そしょく》）のところに行き、出船の申文《もうしぶみ》に与判してもらった。劉殿直の中文である。次いで通判郎中のところに行く。二人とも茶・湯を点じてくれた。次いで知府舎衙に行き、茶・湯があった。二十三日は徒然として船中にいた。二十四日には去年渡海した船の施十郎《せじゅうろう》が来たので、酒一瓶と扇一枚を与える。一緒に来た一人は劉琨の船の海人（水夫）なので、扇一枚を与えた。施十郎は通事となって、去年事に触れて召し仕えてくれたためである。二十五日は秀州の船が来たので、移乗する。本体は荘厳で頗る華麗だが、年季の入った朽損の船であった。

　二十六日は日本から永智を伴って来た李詮が霊隠寺で斎を儲ける。辰時（八時）に行く。徳嵩大師と小師三人（聖秀・長明と永智）・通事も同行する。使臣殿直は忙しいといって、行かなかった。州の西門を出て、集賢亭で乗船し、西湖《さいこ》を渡ること三里（約一・七キロ）、歩頭で上陸し五里（約二・八キロ）で松林二寺の門に向かい、次いで霊隠寺に到着する。中天竺霊鷲山《りょうじゅせん》の一小嶺が飛来したものといい、峯の北面に霊隠寺、南面に天竺寺を造っている。まず寺主の慈覚大師賜紫雲知の房に行き、点茶があった。西軒に案内される。これは夏に涼を得るための遊戯《ゆうぎ》亭《てい》で、上の長押《なげし》には数十の詩板が打ってあったので、一・二を書き取った。諸院・諸堂を拝見し、斎の座に着した成尋には銭五百文、四人には三百・二百・一百文が賜与された。次に浴堂に向かった。次いで天竺寺に参詣する。寺主の房では百余人が天台教を学んでいる。管内僧正海月大師恵弁が成尋に（日本における）仁王疏の有無を尋ねたので、「四巻疏は紛失し了んぬ。天台一巻疏有り、三巻は章安私記なり」と答える。また『金剛般若疏』は天台疏ではないというが、成尋は天台疏であると答えており、中国と日本での認識の差違を示している。僧の案内で山洞の臥龍石《がりょうせき》を見学し、次に葛仙公《かっせんこう》（葛洪）が練丹した泉を見る。水は極めて清涼で、これを飲めば薬になるというので、人々は飲んだ。五百羅漢・九祖堂等を拝見する。僧正が仙菓・茶を儲けてくれ、船頭等も皆喫する。山の委曲は碑文にあるというので、僧正に乞うたところ、明日送ることを約束してくれた。次いで勅興聖院に参詣し、霊鷲山洞を見た。未時（十四時）に船に戻る。西湖の船中で船頭等は酒菓等を喫した。申時（十八時）に通江橋の大船に還着する

二十七日は辰一点（七時）に天竺寺の僧正の使が来て、碑文一張を送ってくれた。成尋は「感喜極まり無し」と記し、僧正の手紙を書写している。劉琨が来たので、鍮石《ちゅうせき》匙・箸各々二具を与えた(56)。来日に霊隠寺に赴くとのことである。永智の匙・箸各々二具を李詮のところに送った。

二十八日は辰一点（七時）に霊隠寺に向かう。徳嵩大師・三人の小師も同行する。西湖で船に乗り、まず天竺寺に行く。僧正は昨日出かけたとのことで、善妙大師が出て来て、点茶をしてくれた。轎で塔院に上り、拝礼する。処々にて茶を喫すること四箇度であった。巳時（十時）に霊隠寺に向かう。劉琨の斎である。慈覚大師に謁会する。沐浴した。申時（十六時）に船に戻った。昨日に転運使に申請した新船が閘頭にあると陳詠が告げる。二十九日には新船に乗船する。使臣の別船は最も好《よ》い船である。成尋は「職方（転運使）の恩、不可思議なり」と述べている。未時（十四時）に雨が下り、本の船は雨漏りがするとのことで、新経を早々に新船に渡した後で雨が下り、成尋は「感々なり」と述べている。法華壇を設置した。

三十日には坐禅への返事を劉琨に付託し、肥前々司への書状も同様に付託し終えた。張行者が通事と口論放言し、船を出してしまう。成尋は「頗る非常の行者なり」と評している。

六月一日には船のお礼を述べるために転運使衙に行き、拝謁し、茶・湯があった。徳嵩大師は張行者の件はいうに足らないことだと告げ、殿直もやって来て、とりなしをするが、成尋は承引せず、殿直の船にいることは構わないと伝えた[57]。閘頭を開いて出船する。舒州（安徽省安慶市）の守《かみ》の大卿は風を恐れて船を出さないといい、殿直も同じく出さなかった。成尋は実際には船を出せば、風が止んだのであると述べている。

二日は船が閘頭の外口にあり、人々が風を恐れるので、梢工も出船しなかった。成尋は風を止める旨を大卿・殿直・梢工らに示した[58]。午時（正午）に潮が満ちたので、出船して銭塘江を渡り終えた。大卿・殿直も同じく渡り終えたが、殿直の船は潮に曳かれて河に入らず、船が木上に乗り上げて傾いて水が入り、雑物を取り上げるという騒動があったものの、人々は見ているしかなかった。大卿は使を遣し、風も無く渡り終えた旨を伝えられた。引き潮になったので、閘を開かず、閘の外で船を止める。

三日は卯時（六時）に閘を開いて船を入れる。船を曳いて越州の北門外に到着し、宿した。殿直の船はまだ見えない。四日は卯時（六時）に出船して越州内に入った。殿直を待っていると、申時（十六時）に来着する。一緒に越州府に行き、茶・湯があった。学士は好《よ》い人であった。出船せず、止宿する。五日は卯二点（五時半）に出船する。一船で曳き進み、申時（十六時）に東関に到着し、天華（花）院の前で暫く船を止める。酉時（十八時）に船を曳き、堰に到着する。六日は辰一点（七時）に牛十二頭で船を曳き、堰を越える。堰司が来て、兵士七人が乗船する。曹娥江《そうがこう》を渡り終え、殿直の船も渡り終えたとのことであった。午時（正午）に蔡山頭《さいざんとう》に到着する。路辺に好い泉があり、亭が造られており、船に水を酌み入れた。曹娥江から四十八里（約二六・五キロ）で上虞《じょうぐ》県勅等慈寺の前に到来し、宿した。人々は寺の浴堂で沐浴する。

七日は卯一点（五時）に出船し、十二里（約六・六キロ）で余《よ》姚江《ようこう》に到来、辰二点（七時半）に牛十六頭で堰頭を曳き越える。曹娥堰から余姚堰までは五十里（約二七・六キロ）という。午時（正午）に余姚県の界内に至る。申時（十六時）に堰から六十里（約三三・一キロ）で余姚県に到着する。龍泉寺の大門の前の観風亭に船を止め、休息する。亥時（二十二時）に出船し、丑時（二時）に六十里で熟山江辺に到着し、宿する。八日は辰時（八時）に出船したが、向かい風が吹き、遠くまでは進めなかった。余姚県を過ぎて、明《めい》州の界に入って、宿した。九日は六十里で明州の北門の前に到着し、宿する。

十日は州前に至り、明州府に行く。学士が色々と準備しておいてくれ、広恵禅院に安下する。知府が米一碩《せき》（石）・麵一石・法酒十瓶を送ってくれた。船から雑物を運び終える。酒三瓶を梢工・兵士らに与える。通事は三瓶を取った。沐浴する。

十一日は卯時（六時）に通判のところに行く。夜の前後に孫吉の船に乗った五人の弟子たちが来ることを伝えられる。但し、定海《ていかい》県は日本に船を送るべき旨、下文《くだしぶみ》を賜っているという。使臣殿直が来たので、殿直と酒食する。沐浴した。通事陳詠は都で聖旨を蒙ったといい、孫吉は先に奉国軍の牒を賜ったといって、相論する。本日の段階では定海県の船は下されていない。成尋は明日相談して、五人の僧は定海に下るべきであると判断した。沐浴した。

十二日には卯時（六時）に陳詠が来て、相談ができたという。新訳経・仏像等は陳詠が船を買って預け送ることにし、大宋皇帝が日本に志送する御筆の文書も陳詠が賜り預かることにした。その他の物実は孫吉の船に入れた。五人の弟子は本日孫吉の船に乗って日本に渡った。(59)

余　言

宋に留まった成尋が開封で死去した永保元年（一〇八一＝宋・元豊四年）の翌永保二年九月五日には博多津から戒覚《かいかく》が弟子隆尊《りゅうそん》・仙勢《せんせい》とともに入宋の旅に出発する。戒覚も成尋と同様に帰国することはなかったが、便船で帰朝した隆尊が渡海日記『渡宋記《とそうき》』を日本に将来したために、彼の事績を知ることができる。[60]『渡宋記』によると、戒覚は俗姓中原氏、中下級官人の出身で、延暦寺伝灯大法師位を有してはいたが、播磨国綾部別所引摂寺《いんじょうじ》という地方寺院にいたらしく、成尋のように潤沢な資金がある訳ではなく、全く異なる「貧乏旅行」であった。『参記』末尾にも登場する劉琨《りゅうこん》が年紀制《ねんきせい》の規制により日本から廻却されたのを奇貨として、成尋と同様に「密航」して渡海を果たすことができたのである。

戒覚は成尋入宋の事績を承知しており、というよりはそれを手本として、宋側に天台山および五臺山の巡礼を申請している（元豊五年十月二日条）。さらには皇帝と朝見、紫衣を賜与されたことも同様である。ここには成尋が『入唐求法巡礼行記』や『奝然日記』をいわばガイドブックにしたのと同様、戒覚には『参記』がガイドブックであり、入宋後の移動や宋側との交渉・賓待の獲得などの参考になったと思われる。

『渡宋記』末尾（元豊六年六月十五日条）には次のような記載がある。

我が願はくは、此の記を以て日本国播磨国綾部別所引摂寺頻頭盧《びんずる》尊者《そんじゃ》の御前に置きて、敢えて山門を出さず、来住の人の道心に備うるなり（花押）。

これに加えて、暗がりで五色の光を放つ不思議な菩薩石一枚、金剛窟の土、清涼山（五臺山）で取った生茸一房と木根などの副送物も付託されている。成尋の将来品に比すると、大いに見劣りするが、『渡宋記』に示される入宋の事実、聖地五臺山の石・土・植物すべてが引摂寺への信仰維持に役立つものであったことを如実に物語る記述であり、戒覚の入宋の目的の一端を示し、弟子達の行末を保障する行為であったと考えられる。

成尋に関しては、白河院が屛風十二帖の「故成尋阿闍梨入唐の間の路次、日域より唐朝に及ぶの図絵」を所持しており（『中右記《ちゅうゆうき》』康和四年〔一一〇二〕六月十九日条）、また岩倉大雲寺では成尋の旧房が保持、将来された成尋影像（真影）も懸けられ、参詣する貴族たちは拝見することができた（『水左記《すいさき》』承暦四年〔一〇八〇〕十月二十二日条、『中右記』長承三年〔一一三四〕二月二十八日条）。これらによって成尋や弟子達の入宋の様子が目に見える形でくり返し説明され、彼らの声望や大雲寺の寺勢を高めたものと思われる。事実、『中右記』の記主藤原宗忠《むねただ》は成尋真影を見て「心中随喜」したとあり、大雲寺を訪れる人々に感銘を与え続けているのである。

なお、帰国していた成尋の弟子のうち快宗は、再度入宋し、延和殿で神宗に謁見している（『続資治通鑑《ぞくしじつがん》長編』巻三三四・元豊六年三月己卯条）。一度外国を知った者（僧侶）には入宋巡礼はそれだけ魅力があったということなのであろうか。この時、一行の十三人と面見し、快宗が前回の辞見の際に賜与された紫衣（『参記』巻六熙寧六年正月二十七日条（337））を着しているのを見た神宗は、周囲の者にいつ賜与したのかを尋ねており、皇帝にとっての紫衣賜与の意味合い（軽さ）や忘却ぶりを読み取ることができ、興味深い。神宗はまた、「国人の入貢に非ず」、つまり正式な朝貢使ではないと看破しており、僧侶の通交の位置づけも知られる。

成尋の弟子たちの帰朝時に賜与された神宗の御筆文書は、公的通交のなかった日宋間の通交樹立、宋側が日本からの入貢を求めていることを示唆するものであった。陳詠（悟本）の行方は不詳であるが、当該期には孫吉や劉琨らが何度も日宋間を往来し、明州からは牒状が届くことになり、成尋の弟子たちの帰朝が齎《もたら》した波紋は大きかったといえる。しかし、日本朝廷では宋側の意思を測りかねるところがあり、慎重な審議を重ねた上で、ついに正規の通交を開くことはないままになった(61)。

以上、成尋入宋の影響や彼に続く人々のあり方に触れたところで、この余言も終わりにしたい。

註

（1）平林文雄『参天台五台山記　校本並に研究』（風間書房、一九七八年）、伊井春樹『成尋の入宋とその生涯』（吉川弘文館、一九九六年）、藤善眞澄「成尋と参天台五臺山記」（『参天台五臺山記の研究』関西大学出版部、二〇〇六年）など。

（2）関口力「源俊賢」（『摂関時代文化史研究』思文閣出版、二〇〇七年）。

（3）成尋の年齢については、石井正敏「成尋生没年考」（村井章介ほか編『石井正敏著作集二　遣唐使から巡礼僧へ』勉誠出版、二〇一八年）を参照。長和二年（一〇一三）生、永保元年（一〇八一）死去となる。

（4）E・O・ライシャワー（田村完誓訳）『円仁　唐代中国への旅―『入唐求法巡礼行記』の研究―』（講談社学術文庫、一九九九年）。『入唐求法巡礼行記』の注釈本としては、小野勝年『入唐求法巡礼行記の研究』全四巻（法蔵館、一九八九年）、足立喜六訳注・塩入良道補注『入唐求法巡礼行記』一・二（平凡社東洋文庫、一九七〇・八五年）、深谷憲一訳『入唐求法巡礼行記』（中公文庫、一九九〇年）などがある。なお、承和度遣唐使については、佐伯有清『最後の遣唐使』（講談社学術文庫、二〇〇七年）、『入唐求法巡礼行記』の内容を紹介したものとしては、古瀬奈津子『遣唐使の見た中国』（吉川弘文館、二〇〇三年）などを参照。

（5）森克己『新編　森克己著作集』一～三（勉誠出版、二〇〇八～二〇〇九年）が研究の一つの到達点を示すが、同『遣唐使』（至文堂、一九六六年）の知見も含めて、近年日唐・日宋関係の理解には再検討が進められている。日宋関係については、山内晋次a『奈良平安期の日本と東アジア』（吉川弘文館、二〇〇三年）、b『日宋貿易と「硫黄の道」』（山川出版社、二〇〇九年）、榎本渉a『東アジア海域と日中交流』（吉川弘文館、二〇〇七年）、b『僧侶と海商たちの東シナ海』（講談社学術文庫、二〇二〇年）、榎本淳一『唐王朝と古代日本』（吉川弘文館、二〇〇八年）、廣瀬憲雄『東アジアの国際秩序と古代日本』（吉川弘文館、二〇一一年）、渡邊誠『平安時代貿易管理制度史の研究』（思文閣出版、二

〇一二年）、皆川雅樹『日本古代王権と唐物交易』（吉川弘文館、二〇一四年）、拙著a『成尋と参天台五臺山記の研究』（吉川弘文館、二〇一三年）、b『古代日中関係の展開』（敬文舎、二〇一八年）、c『遣唐使と古代対外関係の行方―日唐・日宋の交流―』（吉川弘文館、二〇二二年）などを参照。

（6）榎本淳一「書評と紹介　伊井春樹『成尋の入宋とその生涯』」（『日本歴史』五九二、一九九七年）、石井正敏「『参天台五臺山記』研究所感―虚心に史料を読む、ということ―」（註（3）書）、拙稿「書評と紹介　藤善眞澄『参天台五臺山記の研究』」（註（5）a書）など。

（7）篠崎敦史「平安時代の渡海制と成尋の〝密航〟」（『史学雑誌』一二六―八、二〇一七年、「平安時代の渡海制と成尋の入宋―成尋〝密航〟説への疑問―」と改題して『平安時代の日本外交と東アジア』〈吉川弘文館、二〇二三年〉に所収）は、成尋は密航したのではなく、001で船内に身を潜めたのは俗人には見せられない修法実施のためと説明する（四六頁、著書一六七頁）が、001の記述はそのようには理解できず、密航否定説は疑問である。

（8）田中史生「南路（大洋路）の島嶼地域と古代の海商」（『国際交易と古代日本』吉川弘文館、二〇一二年）は、唐津湾地域の物資供給や交易の拠点としての性格を指摘している。

（9）伊井註（1）書一〇四～一〇五頁は、『百錬抄』治暦二年（一〇六六）九月八日条に母の指示で報申のために来日したという宋人を林養に比定するが、林養は日本に滞在したままであったと思われる。

（10）施十郎については、石井正敏「『成尋阿闍梨母集』にみえる成尋ならびに従僧の書状について」（註（3）書）を参照。施十郎は日本語に堪能であったため、通事役として複数の商客に雇われて頻繁に日宋間を往来していたと考えられている（彼我往来を重ねる中で自然と日本語を習得か）。

（11）拙稿「遣外使節と求法・巡礼僧の日記」（註（5）a書）。

（12）藤田豊八「宋代の市舶司及び市舶条例」（『東西交渉史の研究』南海篇、荻原星文館、一九四三年）。

（13）藤善眞澄a「入唐僧と杭州・越州」、b「入宋僧と杭州・越州」（註（1）書）。

（14）石井正敏「『参天台五臺山記』にみえる「問官」について」（註（3）書）。
（15）勝浦令子「『参天台五臺山記』にみる「女性と仏教」」（『東アジアの女性と仏教と文学』勉誠出版、二〇一七年）三四〜三五頁は、「聖秀を以て取り、書き取らしめ了んぬ」と読むこともできるとする。『成尋阿闍梨母集』には延久五年十月十一日に筑紫から来た僧が手紙を持って来た時に、「あざりの文」ではなく、「かの御ともにいにし人」の手書きであったとあり、この時に届けられたと思われる今回の書取の真言も成尋の自筆ではなかった可能性があることが傍証になるという。
（16）拙稿「劉琨と陳詠―来日宋商人の様態―」（註（5）a書）。
（17）杉井一臣「唐代の過所発給について」（『東アジアの法と社会』汲古書院、一九九〇年）、王麗萍「宋代の公凭について」（『宋代の中日交流史研究』勉誠出版、二〇〇二年）、遠藤隆俊「宋代中国のパスポート―日本僧成尋の巡礼―」（『史学研究』二三七、二〇〇二年）など。
（18）註（11）拙稿。
（19）大櫛敦弘「成尋の念珠」（『前近代の環シナ海世界における交流とネットワークに関する史的研究　高知大学21世紀地域振興プロジェクト研究成果報告書』高知大学、二〇〇三年）。
（20）拙稿「渡海日記と文書の引載―古記録学的分析の試み―」（『史料纂集　参天台五臺山記』第二、八木書店、二〇二三年）。
（21）池田温「前近代東亜における紙の国際流通」（『東アジアの文化交流史』吉川弘文館、二〇〇二年）。
（22）遠藤註（17）論文。
（23）当該期の男色については、五味文彦「院政期政治史断章」（『院政期社会の研究』山川出版社、一九八四年）、東野治之「日記にみる藤原頼長の男色関係―王朝貴族のウィタ・セクスアリス―」（『史料学遍歴』雄山閣、二〇一七年）、三橋順子「『台記』に見る藤原頼長のセクシュアリティの再検討」（倉本一宏編『日記・古記録の世界』思文閣出版、二〇一五年）などを参照。
(24) 拙稿「入宋僧成尋とその国際認識」（註（5）a書）。
(25) これに続く「問官春開對之間深恩之由示之。彼又為悦」について、藤善眞澄『参天台五臺山記』上（関西大学出版部、二〇〇七年）三〇四〜三〇五頁は、「問官には春開（はるさき）、對（おあ）いした間（とき）、深く恩をうけた由を示すと、彼もまた悦んだ」と訳している。巻一の四月十六・十八・二十日条に問官のことが見え、十八日には確かに問官と対面しているが、四月は夏であり、「春開（はるさき）」とは齟齬する。私読は「春」を問官の姓と解し、「問官の春某は皇太后御経に開き對した時、深く仏恩を感じたと言った。彼もまた悦んだ」という内容であると考えてみた。なお、齊藤圓眞『参天台五臺山記』Ⅱ（山喜房佛書林、二〇〇六年）二〇頁は、島津草子『成尋阿闍梨母集・参天台五臺山記の研究』（大蔵出版、一九五九年）により「春」を「巻」と読み、「問官は巻を開いてから閉じるまでずっと、深い感謝の気持ちをあらわすと同時にまたとても悦んでいた」と訳している。
(26) 拙稿「入宋僧成尋の系譜」（註（5）a書）、手島崇裕『平安時代の対外関係と仏教』（校倉書房、二〇一四年）などを参照。
(27) この部分の原文は、「巳時出船回州城至閘頭。築城南北九里三百歩云々。至于泗州二百十里。巳時過十里至閘頭」とあり、「至閘頭」という表現が二度出てくる。藤善註（25）書三五八〜三五九頁は、後者を午時の出来事に改めているが、州城の南北を回ったとすると、約十里であり、後者はそれをふまえて改めて閘頭に至った時刻・距離を記したものと解することができると思う。
(28) 石井註（3）論文。長和二年（一〇一三）生、永保元年（一〇八一）死去。
(29) 藤善註（25）書四〇五頁。
(30) 藤善註（25）書四〇八頁。
(31) 藤善註（25）書四一七・四三六頁は、『法華経』（皇太后宮御経）、『持験（記）』（『法華持験記』）、『日記』七巻（奝然

日記三巻、巡礼行記三巻）と解している。不詳であるが、法華法壇での修法の記録である『法花持験日記』というものがあり、それが七巻であった可能性を考えてみたい。齊藤註（25）書一七七頁も同様に理解している。

（32）註（26）拙稿。

（33）藤善眞澄「宋朝の賓礼」（註（1）書）、廣瀬憲雄「入宋僧成尋の朝見儀礼について」（註（5）書）などを参照。城内への経路は図15とは合わず、藤善氏は、朱雀門街を北に向かい、一大門、即ち正門の宣徳門を入り、右（東）回廊にて下馬、そして第二門＝左昇龍門を入って、第三門＝後年の政和五年（一一一五）に明堂が建てられた場所、旧秘書省東南角あたりの横門を入り、皇城の内壁ぞいに数里を北に進み、東華門の南廊に至ったものと推定している。

（34）大塚紀弘「日本中世における北宋仏牙信仰の受容」（『日宋貿易と仏教文化』吉川弘文館、二〇一七年）。

（35）日本漢文には相反二義語、同じ文字で正反対の意味を示す語がいくつかあり、例えば「借」は「借りる」と「貸す」の両方で用いられる。「請」も「うく」と読めば受領、「こふ」は請求の意味になる。藤善眞澄『参天台五臺山記』下（関西大学出版部、二〇一一年）七頁は、この部分を「驛より銭四百五十文を請（もと）めて来る」と訳し、八頁注（7）では、「おそらく三異駅での斎すなわち食事代であろう」と述べている。以下、「請来」、「請取」について、請求されたと解したり、受領したと解したりしており、「請」に二義があることは認識されているが、一貫性に欠けるところがある。「請来」は「うけ来る」と読むべきものであり、そもそも沿路盤纏宣旨が出ているので、成尋が宿泊代や食事代を支払う必要はない筈である。天台山までの旅程や台州・天台県訪問の際には成尋は宿泊代を支払っていたが、上京の旅以降は皇帝の賓待を得ているので、こうした支払いは見られない。したがって駅銭の性格は駅側から成尋に支給するものとして統一的に理解するのがよいと思われる。

（36）馬鋪による交通のしくみについては、青山定雄『唐宋時代の交通と地誌地図の研究』（吉川弘文館、一九六三年）、五臺山の様子については、日比野丈夫・小野勝年『五台山』（平凡社東洋文庫、一九九五年）、斎藤忠『中国五台山竹林寺の研究―円仁（慈覚大師）の足跡を訪ねて―』（第一書房、一九九八年）などを参照。

（37）藤善註（35）書一〇一頁は、「使臣が驚いて返すと〔擔人は〕頭巾を免（ぬ）いで還った」と訳す。また齊藤圓眞『参天台五臺山記』Ⅲ（山喜房佛書林、二〇一〇年）一一九頁は、「〔担夫は〕頭巾を免れて還っていった」と訳し、一六四頁註七〇では「あるいは頭巾をかぶせられて拘禁されるなどの馬鋪責任者による譴責処分を免れたということか」と述べる。私は、「使、驚きて頭巾を返して免し還し了んぬ」（「使」は使臣の意、または「臣」脱か）と訓読し、使臣が担人を叱責して、担人の頭巾を奪取するような状況になっていたと考えてみた。

（38）藤善註（35）書一二五頁。

（39）藤善註（35）書一七三～一七四頁は、『金剛頂経疏』と『蘇悉地経疏』および『官符』一巻と解し、『官符』は円仁の上表により金剛頂経と蘇悉地経の学修者に対する得度が認められた『類聚三代格』巻二嘉祥三年（八五〇）十二月十四日官符「応増加年分度者二人事」を指すとする（その他、それを含めて円珍の申請による貞観十一年〔八六九〕二月一日官符「応依後格毎年春秋各試度年分者六人事」、あるいは成尋の阿闍梨大法師位の太政官符〔巻四熙寧五年十月十四日条〕を指す可能性も示されている）。また斎藤註（37）書二三七頁は、「〔円仁撰〕『金剛頂経〔疏〕』『蘇悉地経〔疏〕』、さらに『官符』一巻を貸してさしあげた」と訳している。しかし、ここは三つのものではなく、官符一巻と解する方がよいのではあるまいか。

（40）藤善註（35）書二一三頁は、この部分を二十四日の記事とする。『参記』には二日間だけ記事のない日があり、巻二熙寧五年七月十二日条とこの巻六熙寧六年正月二十四日条である。ここは特に記述内容の切れ目がある訳ではなく、二十三日の記事と解し、二十四日条は欠落しているものと考えておきたい。

（41）註（24）拙稿。

（42）註（20）拙稿。なお、水口幹記『成尋』（吉川弘文館、二〇二三年）一九四～一九五頁は、『入唐日記』が「八巻」とあるのは、本来はそこまでの巻数である「五巻」とあったのを後人が書き替えたか、あるいは巻数が記されていなかったところに加筆したかとする見解を呈している。

(43) 寛補については、註(26)拙稿を参照。

(44) 勝浦令子「僧尼の公験について」(笹山晴生編『日本律令制の展開』吉川弘文館、二〇〇三年)を参照。

(45) 藤善註(35)書二八四頁は、「前に借りた法門等を返す」としており、成尋が借りた経典を返却したと理解しているようである。

(46) 水口幹記『渡航僧成尋、雨を祈る―『僧伝』が語る異文化の交錯―』(勉誠出版、二〇一三年)を参照。

(47) 藤善註(35)書三四四頁は、「明日来ますとの由を示(かきつ)けられた」と訳しており、円則座主側から来訪の意向が示されたと解しているが、これは成尋側からの日程指示を行ったものと理解しておきたい。

(48) 藤善註(35)書三四八頁註(1)は過麗花について、花の名として見えず、挿入句として木香花の説明であり、美しすぎる花の意とする。

(49) 藤善註(35)書三四八～三四九頁は、「荒涼」を「そこびえにつき」と訳し、あるいは「寒冷」の誤写かとするが、「すさまじい」の意から派生した和語の用例として理解したい。

(50) 藤善註(35)書三五三頁は、「目録の経を買(こうにゅう)することについての法文(きてい)を見る」と訳し、三五六頁註(13)では、禁書その他の事情を含めた印刷、出売規定があったとする。しかし、本文は「見目録経可買法文」なので、齊藤圓眞『参天台五臺山記』Ⅳ(山喜房佛書林、二〇一五年)一三七頁で指摘されているように、法文は経典の意と解し、このように理解しておく。

(51) 藤善註(35)書三六五頁、三六八～三六九頁註(14)・(16)では、「慈氏院の老和尚から請(おまねき)が来る」、「佛牙(院)から請(おまねき)が来る」とし、『刪補天台五臺山記』が佛骨・佛牙を持参した慈氏院の僧を善詣とする解釈を否定するが、ここではそちらの理解の方を支持しておきたい。齊藤註(50)書一四三頁も、「仏牙を請来した老僧は九十歳で、善詣という名であった」と訳している。

(52) 藤善註(35)書三七四頁註(8)は、「下」を「由」「者」などの誤写とする。その方が理解し易いが、姑く本文のままに「下司家」と記しておく。

(53) 藤善註(35)書四三一頁は、「王御帯が来て、國清寺の如日和尚の詩一冊を志與(プレゼント)された」とし、齊藤註(50)書二六八頁もやはり成尋がもらったと理解しているが、巻二熙寧五年閏七月五日条(〔138〕)では「請将如日詩、呈献尊官者」とあるので、それに応じた行為と解したい。

(54) 藤善註(35)書四六四頁、四六五頁註(3)は、「親情」を親戚・親類と解し、朱判官が韓守寺の「親情(しんぞく)」であると訳している。齊藤註(50)書二八六頁は「同じく朱判官―これは他(骨肉ではない)の親情(親族)である―も茶を将(も)って謁(あ)いに来て、船上で点てた」と訳し、三一七頁註一一〇では『刪補天台五臺山記』が「為朱判官親眷」とするのを参考にして解釈したと述べている。

(55) 藤善註(35)書四七四頁は、この部分を王宗彦の言葉と解し、「快宗供奉の文字(てがみ)には感(かんじ)いりました。途中、使臣に殊(とて)も用意(きくばり)が有りました」と述べたと訳しており、齊藤註(50)書三二九頁も、「王〔宗〕彦がやって来て会って云うには、「快宗供奉の文字(手紙)に感じ入った。途中、使臣に対して殊に意を用いる(気配り)ことがあった」由と」と訳しているが、このように理解しておく。

(56) 藤善註(35)書四九九頁は、「鍮石の匙と箸各ぞれ二具を與(く)れた」と訳すが、李詮には送ったと解しており、ここも成尋から志与したと理解する方がよいであろう。なお、齊籐註(50)書三四一頁も劉琨が志与してくれたと解している。

(57) 藤善註(35)書五〇三頁註(3)では、「不承引」を承知できない、納得がいかないことと説明するが、五〇二頁では「また殿直が同(いっしょ)に来て示(かきしめ)されるには「承引(けしから)ぬこと」と。但し、殿直の船で(も口論があり)制止できなかった由である」と訳している。また齊藤註(50)書三八二頁も「また殿直が同じくやって来て、「承引(承服)できぬことである」と〔書き〕示した。但し、殿直が在(い)る船に於いては〔口論を〕制止できなかった由とのこと」と訳す。しかし、ここには成尋が張行者の行為を許さなかったこととその後の措置が記されていると理解すべきであろう。

（58）藤善註（35）書五〇三頁は、六月一日条の末尾を「實に船を出したところで、風が止んだ〔からである〕」と訳し、五〇三～五〇四頁では二日条のこの部分を「風を止める〔祈禱を行う〕との由を大卿・殿直・梢工等に示（かきしめ）した」と訳している。

（59）藤善註（35）書五一一頁は、「相定（はなしあ）って新譯経・佛像等は預じめ船を買（か）り送り、ならびに大宋皇帝に賜り預った、日本に志送される御筆の文書より物實（しなじな）に至るまでを、孫吉の船に入（つ）んだ。五人が相共（いっしょ）に孫吉の船に乗り渡（こん）だ」と訳す。また齊藤註（50）書三八六頁も、「新訳経や仏像等は船を買（やと）って預め送ることにし、并に大宋皇帝が日本に志送する御筆文書から物実（物品）に至るまでを、孫吉の船に〔運び〕入れ了わった」と訳している。しかし、註（16）拙稿一七頁で指摘したように、新訳経・仏像や宋皇帝の文書といった最も名分のあるものは陳詠が運ぶことにし、皇帝の信物などの物実や五人の僧侶については孫吉の船で運ぶことにするという内容で決着したと理解したい。

（60）戒覚の入宋に関しては、森克己「戒覚の渡宋記について」（註（5）著作集三）、橋本義彦「『渡宋記』―密航僧戒覚の日記―」（『平安の宮廷と貴族』吉川弘文館、一九九六年）などを参照。

（61）拙稿a「平安貴族の国際認識についての一考察」（『古代日本の対外認識と通交』吉川弘文館、一九九八年）、b「平安中・後期の対外関係とその展開過程」（註（5）c書）などを参照。

【著　者】
森　公章（もり　きみゆき）
東洋大学教授、博士（文学）

〔主な著作〕

『史料纂集 参天台五臺山記』第一・第二（八木書店、2023 年）
『倭国の政治体制と対外関係』（吉川弘文館、2023 年）
『地方豪族の世界』（筑摩書房、2023 年）
『古代郡司と郡的世界の実像』（同成社、2024 年）
『平安時代の国衙機構と地方政治』（吉川弘文館、2024 年）他多数。

渡《と》海僧《かいそう》がみた宋代《そうだい》中国《ちゅうごく》―参天台《さんてんだい》五《ご》臺山《だいさん》記《き》を読《よ》む―

2025 年 2 月 20 日　初版第一刷発行　　定価（本体 4,500 円＋税）

著　者　森　公章
発行所　株式会社　八木書店出版部
代表　八木乾二
〒101-0052 東京都千代田区神田小川町 3-8
電話 03-3291-2969（編集）-6300（FAX）
発売元　株式会社　八木書店
〒101-0052 東京都千代田区神田小川町 3-8
電話 03-3291-2961（営業）-6300（FAX）
https://catalogue.books-yagi.co.jp/
E-mail pub@books-yagi.co.jp

印　刷　精興社
製　本　牧製本印刷
用　紙　中性紙使用

ISBN978-4-8406-2609-5